쏙쏙 한국어

쏙쏙 한국어

김연희, 박혜란, 민지연

역락

머리말

 2000년대 이후 한국어 학습의 열기가 더욱 뜨거워짐에 따라 한국어 교육의 인기도 매우 높아졌다. 이에 발맞추어 한국어 교육에 관심을 갖고 한국어 교사의 길로 들어 선 지 여러 해가 지났다. 현장에서 학생들을 가르치면서 시중에 출판되는 많은 교재들을 활용하여 강의를 하였다. 외국인 학생에게 강의를 하면서 내 강의에 적합한, 내 입맛에 맞는 교재를 만들어 보고 싶다는 작은 꿈을 갖게 되었다. 이러한 비슷한 꿈을 갖고 있는 선생들이 만나 부족하지만 꿈을 향한 첫발을 내딛었다.

 본 교재는 외국어로서의 한국어 초급 학습자를 대상으로 하는 한국어 학습용 교재이다. 따라서 한국어 모음, 자음부터 시작하여 기초 수준의 생활 한국어를 기본으로 하고, 기초 회화를 중심으로 의사소통 능력을 기를 수 있도록 하였다. 특히 초급 학습자들에게 필수적인 문법 항목을 습득하고 활용할 수 있는 쓰기와 말하기 연습 위주의 교재이다.

 교재를 구성하고 있는 항목의 구체적인 내용은 다음과 같다.
- 학습어휘는 각 단원에서 학습해야 할 어휘들이다.
- 대화문은 학습자들이 친구들과 대화하면서 표현을 익힐 수 있도록 하였다.
- 문법은 의사소통을 위해 필요한 문법형태를 간단하게 설명하였다.
- 예시문은 문법형태를 활용한 예문을 제시하였다.
- 연습에서는 본문에서 학습한 어휘, 대화문, 문법형태, 예시문 등을 점검할 수 있도록 하였다.

 한국어 교육을 전공한 우수한 선생님들과 함께 작업한 이 교재는 구어적인 화법을 중심으로 하여 필요한 문어적인 표현을 반영하였다. 이 교재를 집필한 박혜란 선생, 민지연 선생은 국어국문학과 국어학을 전공한 사람들로 한국어에 대한 많은 지식을 가지고 다년간 현장에서 한국어 교육을 지속적으로 해 왔다. 그렇기 때문에 한국어 교육에서 필요한 교수 내용과 교수 방법 그리고 학습 효과를 잘 알고 있어 그러한 지식들을 이 교재에 담고자 노력하였다. 특히 외국인 학생들이 한국어의 문법적인 표현을 선생님의 강의와 더불어 좀더 쉽게 학습할 수 있고 연습할 수 있도록 신경썼다.

 이 교재를 시작으로 한국어 교육을 위한 효율적인 교재를 만들 수 있도록 노력하겠다.

차례

제 1 강	한글		13
제 2 강	한글		15
제 3 강	한글		17
제 4 강	인사	저는 캐나다 사람이에요.	19
제 5 강	인사	저는 한국 사람이 아니에요.	21
제 6 강	물건	이것은 누구의 책이에요?	23
제 7 강	물건	책이 책상 위에 있어요.	25
제 8 강	학교	한국어를 공부해요.	27
제 9 강	학교	우리는 학교에 다녀요.	29
제 10 강	음식 1	김치찌개가 뜨거워요.	31
제 11 강	음식 1	불고기가 맵지 않아요.	33

차례

제12강	한국 생활		35
	이번 주 토요일에 뭐 해요?		
제13강	한국 생활		37
	친구하고 같이 놀이공원에 가요.		
제14강	쇼핑		39
	공책이 한 권에 얼마예요?		
제15강	쇼핑		41
	3시까지 쇼핑을 했어요.		
제16강	약속		43
	수업시간에 핸드폰을 보면 안 돼요.		
제17강	약속		45
	우리 같이 영화를 볼까요?		
제18강	주말		47
	도서관에 공부하러 갔어요.		
제19강	주말		49
	주말에 운동하거나 공부해요.		
제20강	음식 2		51
	무슨 과일을 좋아해요?		
제21강	음식 2		53
	무엇을 시킬까요?		
제22강	일상생활 1		56
	방학에 영화를 볼 거예요.		

제23강	일상생활 1	58
	날씨가 맑으니까 공원에 가세요.	
제24강	취미 1	60
	축구를 할 수 있어요.	
제25강	취미 1	62
	친구를 만나서 같이 밥을 먹어요.	
제26강	길 찾기	64
	학교가 어디에 있어요?	
제27강	길 찾기	66
	도와주세요.	
제28강	병원	68
	배가 아파서 병원에 갔어요.	
제29강	병원	71
	집에서 푹 쉬는 것이 좋아요.	
제30강	소개	74
	제 고향은 부산입니다.	
제31강	소개	76
	저 분이 제 아버지십니다.	
제32강	여행 1	78
	베트남 날씨가 덥지요?	
제33강	여행 1	81
	제주도에 가 봤어요.	

제 34 강	공공장소		83
	내일 늦지 마세요.		
제 35 강	공공장소		85
	박물관에서 사진을 찍지 마십시오.		
제 36 강	계획		87
	친구를 만나서 공원에 가려고 해요.		
제 37 강	계획		89
	졸업 후에 취직할 거예요.		
제 38 강	날씨		91
	오늘 비가 올까요?		
제 39 강	날씨		94
	아마 오늘 바람이 많이 불 거예요.		
제 40 강	커피숍/식당		96
	뭐 먹을래요?		
제 41 강	식당		98
	오늘은 학교 근처 식당에서 먹을까 해요.		
제 42 강	일상생활 2		100
	저는 노래를 들으면서 공부를 해요.		
제 43 강	일상생활 2		103
	공부를 하고 있어요.		
제 44 강	한국 생활		105
	한국어를 배운 지 3개월이 되었어요.		

| 제 45 강 | 한국 생활 | 108 |

지금은 한국어를 잘하게 되었어요.

| 제 46 강 | 기분/감정 | 111 |

민수 씨는 기분이 좋은 것 같아요.

| 제 47 강 | 기분/감정 | 114 |

마음이 많이 아팠겠어요.

| 제 48 강 | 외모/복장 | 116 |

모델처럼 키가 커요.

| 제 49 강 | 외모/복장 | 118 |

왕단 씨는 지금 파란 바지를 입고 있어요.

| 제 50 강 | 안부/근황 | 121 |

처음에는 잘 못 먹었는데 지금은 잘 먹게 되었어요.

| 제 51 강 | 안부/근황 | 124 |

영화표가 2장 있는데 같이 영화보러 갈까요?

| 제 52 강 | 여행 2 | 127 |

별로 예쁘지 않아요.

| 제 53 강 | 여행 2 | 129 |

꽃이 많이 피어 있어서 아주 아름다웠어요.

| 제 54 강 | 명절 | 131 |

친구 집에 가기로 했어요.

| 제 55 강 | 명절 | 133 |

떡국을 먹은 적이 없어요.

| 제56강 | 치료 | 135 |

소독을 해야 돼요.

| 제57강 | 치료 | 137 |

제가 약을 발라 줄테니까 조금만 기다리세요.

| 제58강 | 교통 | 139 |

길을 건너지 말고 기다리세요.

| 제59강 | 교통 | 141 |

똑바로 가다가 왼쪽으로 가세요.

| 제60강 | 취미 2 | 143 |

저는 모형자동차를 어떻게 만드는지 몰라요.

| 제61강 | 취미 2 | 145 |

지금 요가를 하는 중이에요.

| 제62강 | 고향 소개 | 147 |

내 고향은 안동이다.

| 제63강 | 고향 소개 | 149 |

안동은 경치가 좋다.

모범 답안 153

1

한글 단모음, 자음 Ⅰ

■ 표를 채우세요.

자음\모음	ㅏ	ㅓ	ㅗ	ㅜ	ㅡ	ㅣ	ㅔ	ㅐ
ㄱ			고					
ㄴ								
ㄷ						디		
ㄹ								래
ㅁ	마							
ㅂ							베	
ㅅ		서						
ㅇ					으			
ㅈ								

◼ 읽고 쓰세요.

오 이	오 이	

도 로	도 로	

비 누	비 누	

사 자	사 자	

구 두	구 두	

2

한글 | 격음, 경음, 이중모음

◼ 표를 채우세요.

자음＼모음	ㅏ	ㅓ	ㅗ	ㅜ	ㅡ	ㅣ	ㅔ	ㅐ
ㅊ	차							
ㅋ								
ㅌ				투				
ㅍ					프			
ㅎ							헤	
ㄲ						끼		
ㄸ								
ㅃ								빼
ㅆ			쏘					
ㅉ		쩌						

자음＼모음	ㅑ	ㅕ	ㅛ	ㅠ	ㅖ	ㅒ	ㅘ	ㅙ	ㅚ	ㅝ	ㅞ	ㅟ	ㅢ
ㅇ													

◪ 읽고 쓰세요.

피 자	피 자	

포 도	포 도	

따 다	따 다	

끄 다	끄 다	

시 계	시 계	

3

| 한글 | 받침 |

■ 표를 채우세요.

받침	아	어	오	우	으	이	에	애
ㄱ (ㅋ,ㄲ)	악							
ㄴ								
ㄷ (ㅅ,ㅈ,ㅊ,ㅌ,ㅎ)		언						
ㄹ				울				
ㅁ								
ㅂ (ㅍ)							엡	
ㅇ			옹					

■ 읽고 쓰세요.

서 점	서 점	
가 방	가 방	
볼 펜	볼 펜	
부 엌	부 엌	
씻 다	씻 다	

4

인사	문법	이에요 / 예요 은 / 는
저는 캐나다 사람이에요.	어휘	직업 I , 나라 I

N이에요 / 예요

문법 형태

N이에요/ 예요

받침 ○   선생님이에요.
받침 ×   의사예요.

N은 / 는

문법 형태

N은/는

받침 ○   바오는 선생님이에요.
받침 ×   왕단은 의사예요.

가 : 제니 씨는 어느 나라 사람이에요?
나 : 저는 캐나다 사람이에요.
가 : 제니 씨는 선생님이에요?
나 : 네, 저는 선생님이에요.

경찰관이에요.
회사원이에요.
간호사예요.

제니는 학생이에요.
민수는 한국 사람이에요.
린은 의사예요.

- 직업 : 선생님, 학생, 가수, 의사
- 나라 : 캐나다, 한국, 중국, 일본

■ 〈보기〉와 같이 쓰세요.

		보기
	(제인 / 선생님)	가 : 누구예요? 나 : 제인은 선생님이에요.
1.	(에디 / 미국 사람)	가 : 누구예요? 나 : _____.
2.	(딘 / 베트남 사람)	가 : 누구예요? 나 : _____.
3.	(방탄소년단 / 가수)	가 : 누구예요? 나 : _____.
4.	(타오 / 학생)	가 : 누구예요? 나 : _____.
5.	(공유 / 배우)	가 : 누구예요? 나 : _____.
6.	(펑 / 중국 사람)	가 : 누구예요? 나 : _____.
7.	(다나카 / 일본 사람)	가 : 누구예요? 나 : _____.
8.	(아이유 / 한국 사람)	가 : 누구예요? 나 : _____.

5		
인사	**문법**	이/가 아니에요.
저는 한국 사람이 아니에요.	**어휘**	직업 II, 나라 II

N이 / 가 아니에요.

문법 형태

N이/가 아니에요.

받침 ○	선생님이 아니에요.
받침 ×	의사가 아니에요.

가 : 바오 씨는 학생이에요?
나 : 아니요. 학생이 아니에요. 선생님이에요.
　　제니 씨도 선생님이에요?
가 : 아니요. 저는 선생님이 아니에요. 경찰이에요.

군인이 아니에요.
교수가 아니에요.
기자가 아니에요.

- 직업 : 요리사, 은행원, 회사원, 경찰
- 나라 : 프랑스, 호주, 독일, 캐나다

◼ 〈보기〉와 같이 쓰세요.

보기

(선생님 × / 경찰 ○)　　가 : 제니 씨는 <u>선생님이에요</u>?

　　　　　　　　　　　나 : 아니요, <u>선생님이 아니에요</u>. <u>경찰이에요</u>.

1. (미국 사람 × / 캐나다 사람 ○)　　가 : 마이클 씨는 _____?

　　　　　　　　　　　　　　　　　　나 : 아니요, _____.

2. (호주 사람 × / 독일 사람 ○)　　가 : 루이스 씨는 _____?

　　　　　　　　　　　　　　　　　나 : 아니요, _____.

3. (요리사 × / 은행원 ○)　　가 : 웬디 씨는 _____?

　　　　　　　　　　　　　　나 : 아니요, _____.

4. (경찰 × / 요리사 ○)　　가 : 티엔 씨는 _____?

　　　　　　　　　　　　　나 : 아니요, _____.

5. (학생 × / 의사 ○)　　가 : 하트너 씨는 _____?

　　　　　　　　　　　나 : 아니요, _____.

6. (선생님 × / 배우 ○)　　가 : 안 씨는 _____?

　　　　　　　　　　　　나 : 아니요, _____.

7. (가수 × / 경찰 ○)　　가: 비엣 씨는 _____?

　　　　　　　　　　　나 : 아니요, _____.

8. (중국 사람 × / 베트남 사람 ○)　　가 : 탕 씨는 _____?

　　　　　　　　　　　　　　　　　　나 : 아니요, _____.

6		
물건	문법	의
이것은 누구의 책이에요?	어휘	교실 물건

N의

문법 형태

N의

받침 ○	이것은 제니 씨의 책이에요.
받침 ×	

가 : 이것은 누구의 책이에요?
나 : 제 책이에요.
가 : 저것은 제니 씨의 가방이에요?
나 : 아니요. 저것은 제 가방이 아니에요.

하트너 씨의 사전이에요.
왕단 씨의 커피예요.
피터 씨의 공책이에요.

■ 교실 물건 : 문, 공책, 창문, 연필, 책상, 필통, 의자, 학생증, 칠판, 가방, 시계, 휴대폰, 컴퓨터, 볼펜, 텔레비전, 지우개, 거울, 지갑, 달력, 책

■ 〈보기〉와 같이 쓰세요.

		보기
	(제니 / 책)	가 : 누구의 책이에요? 나 : 제니 씨의 책이에요.

1. (딘 / 가방)
   가 : 누구의 _____?
   나 : _____.

2. (타오 / 시계)
   가 : _____?
   나 : _____.

3. (안 / 필통)
   가 : _____?
   나 : _____.

4. (하트나 / 학생증)
   가 : _____?
   나 : _____.

5. (탕 / 지갑)
   가 : _____?
   나 : _____.

6. (콜린 / 지우개)
   가 : _____?
   나 : _____.

7. (비엣 / 거울)
   가 : _____?
   나 : _____.

8. (왕단 / 가위)
   가 : _____?
   나 : _____.

7

물건	문법	에 있다 / 없다
책이 책상 위에 있어요.	어휘	위치, 숫자 Ⅰ

N에 있다 / 없다

문법 형태

N이/가   N에   있다/ 없다

받침 ○	책이 책상 위에 있어요.
받침 ×	지우개가 책상 옆에 있어요.

가 : 바오 씨, 책이 있어요?
나 : 네, 있어요.
가 : 책이 어디에 있어요?
나 : 책이 책상 위에 있어요.

가 : 바오 씨, 책이 책상 아래에 있어요?
나 : 아니요. 책이 책상 아래에 없어요.
　　　책상 위에 있어요.

거울이 침대 옆에 있어요.
잡지가 의자 위에 있어요.
우유가 냉장고 안에 있어요.

시계가 책상 위에 없어요.
사전이 가방 안에 없어요.
콜라가 편의점에 없어요.

- 위치 : 위, 아래, 앞, 뒤, 옆, 안, 밖
- 0영 / 공, 1일, 2이, 3삼, 4사, 5오, 6육, 7칠, 8팔, 9구, 10십

■ 〈보기〉와 같이 쓰세요.

보기

가 : 연필이 어디에 있어요?

나 : 연필이 책 옆에 있어요.

---

1. (컵 / 책 옆)

    가 : 컵이 _____?

    나 : 컵이 책 옆에 있어요.

---

2. (도서관 / 학교 안)

    가 : 도서관이 _____?

    나 : 도서관이 학교 안에 있어요.

---

3. (시계 / 창문 위)

    가 : 시계가 어디에 있어요?

    나 : _____

---

4. (공책 / 가방 안)

    가 : 공책이 어디에 있어요?

    나 : _____

---

5. (약국 / 병원 옆)

    가 : 약국이 어디에 있어요?

    나 : _____

---

6. (화장실 / 2층)

    가 : 화장실이 몇 층에 있어요?

    나 : _____

---

7. (식당 / 9층)

    가 : 식당이 2층에 있어요?

    나 : 아니요. _____

---

8. (신발가게 / 3층)

    가 : 신발가게가 1층에 있어요?

    나 : 아니요. _____

8

학교	문법	-아 / 어 / 해요 을 / 를
한국어를 공부해요.	어휘	동사 I

V-아 / 어 / 해요

문법 형태

V-아/어/해요

ㅏ, ㅗ	가다 오다	가+ -아요 → 가요 오+ -아요 → 와요
ㅓ, ㅜ, ㅡ, ㅣ…	먹다 쉬다	먹+ -어요 → 먹어요 쉬+ -어요 → 쉬어요
○○하다		공부하다 → 공부해요 요리하다 → 요리해요

N을 / 를

문법 형태

N을/를

받침 ○	책을 사요.
받침 ×	우유를 사요.

가 : 바오 씨, 뭐 해요?
나 : 공부를 해요.

가 : 무슨 공부를 해요.
나 : 한국어를 공부해요.

저는 옷을 입어요.
제니 씨는 잠을 자요.
바오 씨는 방을 청소해요.

저는 숙제를 해요.
제니 씨는 잡지를 읽어요.
바오 씨는 사전을 봐요.

■ 동사 : 보다, 읽다, 쉬다, 요리(를) 하다, 만나다, 기다리다, 공부(를) 하다, *듣다, 먹다, 가르치다, 말(을) 하다, *쓰다, 배우다, 자다, 일(을) 하다, 사다, 마시다

◼ 〈보기〉와 같이 쓰세요.

		보기
	(밥 / 먹다)	가 : 뭐 해요? 나 : <u>밥을 먹어요.</u>
1.	(커피 / 마시다)	가 : 뭐 해요? 나 : _____.
2.	(신문 / 보다)	가 : 뭐 해요? 나 : _____.
3.	(책 / 읽다)	가 : 뭐 해요? 나 : _____.
4.	(요리 / 하다)	가 : 뭐 해요? 나 : _____.
5.	(한국어 / 배우다)	가 : 뭐 해요? 나 : _____.
6.	(친구 / 만나다)	가 : 뭐 해요? 나 : _____.
7.	(편지 / 쓰다)	가 : 뭐 해요? 나 : _____.
8.	(음악 / 듣다)	가 : _____? 나 : _____.

9		
학교	문법	에, 에서
우리는 학교에 다녀요.	어휘	장소

N에 + 가다 / 오다 / 다니다

문법 형태

N(장소)에

받침 ○	학교에 다녀요.
받침 ×	커피숍에 가요.

N에서

문법 형태

N(장소)에서

받침 ○	학교에서 공부를 해요.
받침 ×	커피숍에서 차를 마셔요.

가 : 바오 씨, 어디에 가요?
나 : 커피숍에 가요.
가 : 커피숍에서 뭐 해요?
나 : 커피숍에서 차를 마셔요.

도서관에 가요.
집에 와요.
교실에 가요.

식당에서 밥을 먹어요.
영화관에서 영화를 봐요.
학교에서 공부를 해요.

■ 장소 : 학교, 극장, 도서관, 집, 서점, 회사, 식당, 가게, 커피숍, 병원, 백화점, 약국, 어디, 여기, 거기, 저기

◼ 〈보기〉와 같이 쓰세요.

> **보기**
> 학교
> (공부를 하다)
> 가 : 학교에서 뭐 해요?
> 나 : 학교에서 공부를 해요.

1. 도서관
   (책을 읽다)
   가 : _____?
   나 : _____.

2. 서점
   (책을 사다)
   가 : _____?
   나 : _____.

3. 식당
   (밥을 먹다)
   가 : _____?
   나 : _____.

4. 커피숍
   (커피를 마시다)
   가 : _____?
   나 : _____.

5. 백화점
   (선물을 사다)
   가 : _____?
   나 : _____.

6. 회사
   (일을 하다)
   가 : _____?
   나 : _____.

7. 극장
   (영화를 보다)
   가 : _____?
   나 : _____.

8. 커피숍
   (친구를 만나다)
   가 : _____?
   나 : _____.

10

음식 1	문법	'ㅂ'불규칙
김치찌개가 뜨거워요.	어휘	형용사 Ⅰ, 숫자 Ⅱ

'ㅂ'불규칙

문법 형태

A/V(받침 'ㅂ')+ 모음(아, 어, 오, 우...) → 'ㅂ' ⇒ '우'

	A/V-아 / 어 / 해요
덥다	덥다 → 더+우+어요 = 더워요
춥다	춥다 → 추+우+어요 = 추워요
쉽다	쉽다 → 쉬+우+어요 = 쉬워요
* 입다 (예외)	입다 → 입+어요 = 입어요.

가 : 제니 씨, 무엇을 먹어요?
나 : 저는 김치찌개를 먹어요.
가 : 김치찌개는 어때요?
나 : 김치찌개는 뜨거워요. 그렇지만 맛있어요.

고마워요.
만나서 반가워요.
하늘이 아름다워요.

- 형용사 : 있다 ↔ 없다, 재미있다 ↔ 재미없다, 맛있다 ↔ 맛없다, 크다 ↔ 작다, 많다 ↔ 적다, 싸다 ↔ 비싸다, 덥다 ↔ 춥다, 쉽다 ↔ 어렵다, 뜨겁다 ↔ 차갑다, 좋다 ↔ 싫다
- 1하나, 2둘, 3셋, 4넷, 5다섯, 6여섯, 7일곱, 8여덟, 9아홉, 10열, 20스물, 30서른

◼ 〈보기〉와 같이 쓰세요.

보기

가 : 한국어 공부가 어때요?

나 : (재미있다) 한국어 공부가 아주 재미있어요.

1.
   가 : 한국어 공부가 어때요?

   나 : (쉽다) _____.

2.
   가 : 불고기 맛이 어때요?

   나 : (맛있다) _____.

3.
   가 : 동생은 키가 어때요?

   나 : (크다) _____.

4.
   가 : 바지가 얼마예요?

   나 : (싸다) 아주 _____.

5.
   가 : 날씨가 어때요?

   나 : (춥다) _____.

6.
   가 : 커피가 어때요?

   나 : (뜨겁다) _____.

7.
   가 : 기분이 어때요?

   나 : (좋다) _____.

8.
   가 : 영어 공부가 어때요?

   나 : (어렵다) 너무 _____.

11

음식 1

불고기가 맵지 않아요.

문법	안 , -지 않다
어휘	음식, 맛

안 A/V

문법 형태

안 A/V

밥을 안 먹어요	공부를 안 해요
신문을 안 봐요	청소를 안 해요
학교에 안 가요	운동을 안 해요

* 있다 → 안 있다(×), 없다(○)   알다 → 안 알다(×) 모르다(○)
  재미있다 → 안 재미있다(×), 재미없다(○)

A/V-지 않다

문법 형태

A/V-지 않아요

받침 ○	밥을 먹지 않아요
	신문을 보지 않아요
받침 ×	공부를 하지 않아요

가 : 제니 씨, 무엇을 먹어요?
나 : 불고기를 먹어요.
가 : 불고기는 매워요?
나 : 아니요, 불고기는 맵지 않아요. 달아요.

밥을 안 먹어요 = 밥을 먹지 않아요
신문을 안 봐요 = 신문을 보지 않아요
공부를 안 해요 = 공부를 하지 않아요

- 음식 : 피자, 쌀국수, 불고기, 만두, 초밥, 볶음밥, 김밥
- 맛 : 달다, 짜다, 쓰다, 싱겁다, 시다, 맵다

◼ 〈보기〉와 같이 쓰세요.

보기

가 : 밥을 먹어요?

나 : 아니요, <u>밥을 안 먹어요. / 밥을 먹지 않아요.</u>

1. 가 : 동생이 키가 커요?

   나 : 아니요, _____.

2. 가 : 편지를 써요?

   나 : 아니요, _____.

3. 가 : 커피숍에서 주스를 마셔요?

   나 : 아니요, _____.

4. 가 : 공책이 책상 위에 있어요?

   나 : 아니요, _____.

5. 가 : 집이 좋아요?

   나 : 아니요, _____.

6. 가 : 도서관에서 친구를 기다려요?

   나 : 아니요, _____.

7. 가 : 집에서 운동을 해요?

   나 : 아니요, _____.

8. 가 : 집에서 요리해요?

   나 : 아니요, _____.

12

한국 생활	문법	에³
이번 주 토요일에 뭐 해요?	어휘	날짜, 요일

N에³

문법 형태

N(날짜, 요일)에

받침 ○	화요일에 뭐 해요?
받침 ×	

* 그저께, 어제, 오늘, 내일, 모레, 올해, 언제, 지금, 매일 + 에(×)

가 : 바오 씨, 생일이 언제예요?
나 : 이번 주 토요일이에요.
가 : 토요일에 뭐 해요?
나 : 친구를 만나요. 생일파티를 해요.

2019년 5월							
일요일	월요일	화요일	수요일	목요일	금요일	토요일	
			1	2	3	4	→ 주말
5	6	7	8	9	10	11	→ 지난주
12	13 (그저께)	14 (어제)	15 (오늘)	16 (내일)	17 (모레)	18	→ 이번 주
19	20	21	22	23	24	25	→ 다음 주
26	27	28	29	30	31		

4월(지난달)
5월(이번 달)
6월(다음 달)

2018년(작년)
2019년(올해)
2020년(내년)

일주일
-요일

언제예요?

월 - (숫자) + 월 *6월 *10월

생일, 크리스마스, 방학, 월, 일, 요일, 며칠, 이번

■ 〈보기〉와 같이 쓰세요.

보기
가 : (생일) 생일이 언제예요? / 생일이 몇 월 며칠이에요?
나 : (1월 2일) 일월 이일이에요.

보기
가 : (월요일) 월요일에 뭐 해요?
나 : 월요일에 학교에서 공부해요.

1.
   가 : (일요일) _____ 뭐 해요?
   나 : _____ 집에서 쉬어요.

2.
   가 : (크리스마스) _____ ?
   나 : (12월 25일) _____ .

3.
   가 : (이번 주 금요일) _____ 어디에 가요?
   나 : _____ 극장에 가요.

4.
   가 : (다음 주 월요일) _____ 약속이 있어요?
   나 : 네, _____ .

5.
   가 : (주말) _____ 일을 해요?
   나 : 네, _____ .

6.
   가 : (오늘) _____ 뭐 먹어요?
   나 : _____ 식당에서 쌀국수를 먹어요.

7.
   가 : (방학) _____ 한국에 가요?
   나 : 아니요. _____ 도서관에서 한국어를 공부해요.

8.
   가 : (생일) _____ ?
   나 : 제 생일은 _____ .

13

한국 생활	문법	-고, (이)고
친구하고 같이 놀이공원에 가요.	어휘	동사 II

A/V -고

문법 형태
A/V-고

받침 ○	밥을 먹고 커피를 마셔요
받침 ×	선생님이 예쁘고 친절해요

N(이)고

문법 형태
N(이)고

받침 ○	선생님이고
받침 ×	의사고

가 : 제니 씨, 지금 어디에 가요?
나 : 친구하고 같이 놀이공원에 가요.
가 : 놀이공원에서 뭐 해요?
나 : 놀이기구를 타고 한국음식도 먹어요.

선생님이 예쁘고 친절해요. = 선생님이 예뻐요. 그리고 친절해요.
숙제를 하고 친구를 만나요. = 숙제를 해요. 그리고 친구를 만나요.
청소를 하고 책을 읽어요. = 청소를 해요. 그리고 책을 읽어요.

제니 씨는 선생님이고 바오 씨는 의사예요. = 제니 씨는 선생님이에요. 그리고 바오 씨는 의사예요.
저는 가수고 동생은 배우예요. = 저는 가수예요. 그리고 동생은 배우예요.
아빠는 경찰관이고 엄마는 주부예요. = 아빠는 경찰관이에요. 그리고 엄마는 주부예요.

■ 동사 : 운동(을) 하다, 빨래(를) 하다, 여행(을) 하다, 노래(를) 하다, 산책(을) 하다, 이야기(를) 하다, 요리(를) 하다, 아르바이트(를) 하다, 청소(를) 하다

■ 〈보기〉와 같이 쓰세요.

보기

가 : 집이 어때요?

나 : 집이 <u>크고 좋아요</u>. (크다 / 좋다)

1. 가 : 제니 씨가 어때요?
   나 : _____. (키가 크다 / 예쁘다)

2. 가 : 오늘 뭐 해요?
   나 : _____. (아르바이트를 하다 / 집에서 쉬다)

3. 가 : 주말에 뭐 해요?
   나 : _____. (청소를 하다 / 빨래를 하다)

4. 가 : 도서관에서 뭐 해요?
   나 : _____. (책을 읽다 / 한국어를 공부하다)

5. 가 : 커피숍에서 뭐 해요?
   나 : _____. (커피를 마시다 / 케이크를 먹다)

6. 가 : 불고기 맛이 어때요?
   나 : _____. (달다 / 맛있다)

7. 가 : 제니 씨하고 바오 씨가 뭐 해요?
   나 : _____. (제니, 밥을 먹다 / 바오, 친구를 기다리다)

8. 가 : (친구 / 같이) _____ 뭐 해요?
   나 : _____. (친구 / 같이, 이야기를 하다 / 산책을 하다)

14

쇼핑	문법	에⁴
공책이 한 권에 얼마예요?	어휘	돈, 단위명사

N에⁴

문법 형태

N(단위명사)에

받침 ○
받침 ✕   한 개에 / 한 잔에

가 : 어서오세요.
나 : 공책이 한 권에 얼마예요?
가 : 1500원이에요.
나 : 연필은 한 개에 얼마예요?
가 : 1000원이에요.
나 : 그럼 공책 한 권과 연필 한 개 주세요. 모두 얼마예요?
가 : 2500원이에요.

공책 두 권에 1000원이에요.
피자 한 판에 15,000원이에요.
커피 두 잔에 5000원이에요.

▫ 돈 : 십 원, 오십 원, 백 원, 오백 원, 천 원, 오천 원, 만 원, 오만 원
▫ 단위명사 : 병, 개, 마리, 명, 권, 잔, 그릇, 줄, 판, 인분

◻ 〈보기〉와 같이 쓰세요.

보기

사과 – 1
2000원

가 : 사과 한 개에 얼마예요?
나 : 사과 한 개에 이천 원이에요.

---

1. 연필 – 5
   900원

   가 : 연필 _____ 얼마예요?
   나 : _____.

2. 콜라 – 2
   1650원

   가 : 콜라 _____?
   나 : _____.

3. 커피 – 3
   3900원

   가 : 커피 _____?
   나 : _____.

4. 비빔밥 – 1
   12000원

   가 : 비빔밥 _____?
   나 : _____.

5. 김밥 – 2
   4500원

   가 : 김밥 _____?
   나 : _____.

6. 불고기 – 4
   30000원

   가 : 불고기 _____?
   나 : _____.

7. 피자 – 1
   26000원

   가 : 피자 _____?
   나 : _____.

8. 치킨 – 2
   18500원

   가 : 치킨 _____?
   나 : _____.

15

쇼핑	문법	-았 / 었 / 했어요
3시까지 쇼핑을 했어요.	어휘	시간

V-았 / 었 / 했어요

문법 형태

V-았/었/했어요

ㅏ, ㅗ	가다 오다	가+ -았어요 → 갔어요 오+ -았어요 → 왔어요
ㅓ, ㅜ, ㅡ, ㅣ…	먹다 쉬다	먹+ -었어요 → 먹었어요 쉬+ -었어요 → 쉬었어요
○○하다		공부하다 → 공부했어요 요리하다 → 요리했어요

N이었어요 / 였어요

문법 형태

N이었어요 / 였어요

받침 ○	선생님이었어요.
받침 ×	의사였어요.

가 : 제니 씨, 동대문 쇼핑센터에 갔어요?
나 : 네, 갔어요.
가 : 동대문 쇼핑센터에서 뭐 했어요?
나 : 동대문 쇼핑센터에서 3시까지 쇼핑을 했어요. 옷과 화장품을 샀어요.
가 : 어땠어요?
나 : 아주 재미있었어요.

아이가 글씨를 읽었어요.　　　　　　아빠는 경찰이었어요.
마트에서 과일을 샀어요.　　　　　　그 영화배우는 가수였어요.
공책에 본문을 다섯 번 썼어요.　　　린 씨의 꿈은 간호사였어요.

■

시간		
0시	00분	
한, 두, 세, 네, 다섯, 여섯, 일곱, 여덟, 아홉, 열, 열한, 열두	일, 이, 삼, 사, …	아침, 점심, 저녁, 밤, 새벽, 오전 / 오후

■ 〈보기〉와 같이 쓰세요.

보기
가 : 불고기 맛이 어땠어요?
나 : (맛있다) 아주 맛있었어요.

보기 언제, 학교, 가다 / 오전 9시
가 : 언제 학교에 가요?
나 : 오전 아홉시에 학교에 가요.

1. 가 : 지난주 주말에 뭐 했어요?
   나 : (명동/ 친구를 만나다) _____.

2. 가 : 어제 저녁에 무엇을 했어요?
   나 : (커피숍/ 커피를 마시다) _____.

3. 가 : 어제 영화가 어땠어요?
   나 : (재미있다 / 어렵다) _____.

4. 가 : 바오 씨의 생일이 언제예요?
   나 : (그저께가 바오 씨 생일이다) _____.

   어제 몇 시, 자다 / 12시
5. 가 : _____?
   나 : _____.

   몇 시, 학교에 가다 / 오전 8시까지
6. 가 : _____?
   나 : _____.

   몇 시, 공부하다 / 오후 3시까지
7. 가 : _____?
   나 : _____.

   몇 시, 친구를 만나다 / 어제 저녁 7시
8. 가 : _____?
   나 : _____.

16

약속	문법	-아 / 어 / 해도 되다 -(으)면 안 되다
수업시간에 핸드폰을 보면 안 돼요.	어휘	일상

V-아 / 어 / 해도 되다

문법 형태

V-아/어/해도 되다

ㅏ, ㅗ	가다 오다	가 + -아도 되다 → 가도 되다 오 + -아도 되다 → 와도 되다
ㅓ, ㅜ, ㅡ, ㅣ...	먹다 쉬다	먹 + -어도 되다 → 먹어도 되다 쉬 + -어도 되다 → 쉬어도 되다
○○하다	공부하다 → 공부해도 되다 요리하다 → 요리해도 되다	

V-(으)면 안 되다

문법 형태

V-(으)면 안 되다

받침 ○	먹으면 안 되다
받침 ×	가면 안 되다

가 : 바오 씨, 여기가 어디에요?
나 : 국립 중앙 박물관이에요
가 : 우와! 정말 멋있어요! 여기에서 사진을 찍어도 돼요?
나 : 아니요. 사진을 찍으면 안 돼요. 사진을 찍지 마세요.
가 : 네, 알겠습니다.

쉬는 시간에 게임해도 돼요.   웃으면 안 돼요.
지금부터 영화를 봐도 돼요.   쓰면 안 돼요.
칠판에 답을 써도 돼요.   말하면 안 돼요.

▪ 일상 : 담배를 피우다, 낙서를 하다, 사진을 찍다, 떠들다, 노래를 하다, 손을 대다, 술을 마시다, 춤을 추다

◼ 〈보기〉와 같이 쓰세요.

보기

가 : (앉다) 여기에 <u>앉아도 돼요?</u>

나 : 아니요. <u>앉으면 안 돼요.</u>

1. 가 : (먹다) 이 빵을 _____?
   나 : 아니요. _____.

2. 가 : (마시다) 주스를 _____?
   나 : 아니요. _____.

3. 가 : (열다) 지금 창문을 _____?
   나 : 아니요. _____.

4. 가 : (읽다) 책을 _____?
   나 : 아니요. _____.

5. 가 : (밖에서 놀다) _____?
   나 : 아니요. _____.

6. 가 : (담배를 피우다) _____?
   나 : 아니요. _____.

7. 가 : (사진을 찍다) _____?
   나 : 아니요. _____.

8. 가 : (음악을 듣다) _____?
   나 : 아니요. _____.

17

약속	문법	우리 (같이) -을까요?
우리 같이 영화를 볼까요?	어휘	장소 II

우리 (같이) -을까요?

문법 형태

V-(으)ㄹ까요?

받침 ○	우리 같이 밥을 먹을까요?
받침 ×	우리 같이 공부를 할까요?

가 : 제니 씨, 주말에 바빠요?
나 : 아니요. 안 바빠요.
가 : 그럼 우리 같이 영화를 볼까요?
나 : 좋아요.
가 : 몇 시에 만날까요?
나 : 1시에 카페 앞에서 만나요.

> 우리 같이 영화를 볼까요?
> 우리 같이 모자를 만들까요?
> 우리 같이 요리할까요?

▪ 장소 : 공원, 미술관, 극장, 박물관, 놀이공원, 영화관, 동물원, 카페 / 커피숍

■ 〈보기〉와 같이 쓰세요.

보기

가 : 같이 저녁을 (먹다) <u>먹을까요?</u>

나 : 네, 좋아요.

1. 가 : 주말에 박물관에 (가다) _____?

   나 : 네, 좋아요. 같이 가요.

2. 가 : 공원에서 사진을 (찍다) _____?

   나 : 네, 좋아요. 같이 사진을 찍어요.

3. 가 : 오늘 뭘 (하다) _____?

   나 : 피곤해요. 쉬어요.

4. 가 : 주말에 같이 여행을 (하다) _____?

   나 : 미안해요. 약속이 있어요.

5. 가 : 영화관에 (가다) _____?

   나 : 네, 무슨 영화를 볼까요?

6. 가 : 지금 뭘 (마시다) _____?

   나 : 커피숍에서 커피를 _____?

7. 가 : 같이 음악을 (듣다) _____?

   나 : 네, 좋아요. 같이 들어요.

8. 가 : 동물원에서 동물을 (보다) _____?

   나 : 미안해요. 저는 동물원을 안 좋아해요.

18			
주말		문법	-(으)러 가다 / 오다
도서관에 공부하러 갔어요.		어휘	접속사

V- (으)러 가다 / 오다

문법 형태

V-(으)러 가다 /오다

받침 ○	밥을 먹으러 가다
받침 ×	영화를 보러 가다

가 : 어제 바오 씨하고 같이 어디에 갔어요?
나 : 도서관에 공부하러 갔어요.
가 : 무슨 공부를 했어요.
나 : 읽기와 쓰기 공부를 했어요. 그리고 바오 씨하고 같이 밥을 먹으러 식당에 갔어요.

저는 도서관에 책을 읽으러 가요.
동생은 친구집에 놀러 가요.
하트나 씨는 커피숍에 이야기하러 가요.

■ 접속사 : 그리고, 그래서, 그런데, 그렇지만, 그러면 (그럼)

◼ 〈보기〉와 같이 쓰세요.

보기

가 : 서점에 뭐 하러 가요?

나 : 한국어 책을 사러 가요. (한국어 책을 사다)

1. 가 : 가게에 뭐 하러 가요?

    나 : _____. (아르바이트를 하다)

2. 가 : 공원에 뭐 하러 가요?

    나 : _____. (사진을 찍다)

3. 가 : 화장실에 뭐 하러 가요?

    나 : _____. (손을 씻다)

4. 가 : 극장에 뭐 하러 가요?

    나 : _____. (영화를 보고 팝콘을 먹다)

5. 가 : 놀이공원에 뭐 하러 가요?

    나 : _____. (친구하고 같이 놀다)

6. 가 : 요리 학원에 뭐 하러 가요?

    나 : _____. (한국 음식을 만들다)

7. 가 : 백화점에 뭐 하러 가요?

    나 : _____.

8. 가 : 도서관에 뭐 하러 가요?

    나 : _____.

19

주제	주말	문법	-거나, (이)나
	주말에 운동하거나 공부해요.	어휘	특별한 날

A/V- 거나

문법 형태

A/V-거나

받침 ○	밥을 먹거나 빨래를 해요
받침 ×	빨래를 하거나 밥을 먹어요.

N(이)나

문법 형태

N (이)나

받침 ○	운동이나 공부를 해요
받침 ×	빨래나 청소를 해요

가 : 바오 씨, 주말에 보통 뭐 해요?
나 : 저는 주말에 빨래나 청소를 해요.
　　　제니 씨는 주말에 뭐 해요?
가 : 저는 주말에 친구들하고 운동하거나 한국어를 공부해요.
나 : 그럼, 이번 주말에 우리 같이 한국어를 공부할까요?
가 : 네, 좋아요.

숙제를 하거나 음악을 들어요.　　　독서나 음악 감상을 해요.
책을 읽거나 영화를 봐요.　　　　　숙제나 요리를 해요.
게임을 하거나 친구를 만나요.　　　동물원이나 미술관에 가요.

▪ 특별한 날 : 어린이 날, 어버이 날, 스승의 날

◼ 〈보기〉와 같이 쓰세요.

보기
가 : 주말에 보통 뭐 해요?
나 : 공부하거나 쉬어요. (공부하다 / 쉬다)

보기
가 : 커피숍에서 뭐 마셔요?
나 : 커피나 주스를 마셔요. (커피 / 주스)

1. 가 : 방학에 뭐 해요?
   나 : _____. (공원에 가다 / 아르바이트를 하다)

2. 가 : 주말에 보통 뭐 해요?
   나 : _____. (청소하다 / 친구하고 같이 놀다)

3. 가 : 쉬는 시간에 보통 뭐 해요?
   나 : _____. (화장실에 가다 / 친구하고 이야기를 하다)

4. 가 : 고향에서 뭐 해요?
   나 : _____. (부모님의 요리를 먹다 / 친구를 만나다)

5. 가 : 점심에 보통 뭐 먹어요?
   나 : _____. (김밥 / 쌀국수)

6. 가 : 백화점에서 뭐 사요?
   나 : _____. (옷 / 가방)

7. 가 : 공원에서 뭐 해요?
   나 : _____. (산책 / 운동)

8. 가 : 생일에 보통 무슨 선물을 받아요?
   나 : _____. (화장품 / 향수)

20

음식 2 | 문법 | 무슨
무슨 과일을 좋아해요? | 어휘 | 과일, 운동, 영화

무슨 N

문법 형태

무슨 N

| 받침 ○ | 무슨 영화 |
| 받침 × | 무슨 과일 |

가 : 바오 씨, 어디에 가요?
나 : 저는 과일을 사러 시장에 가요
가 : 무엇을 좋아해요?
나 : 저는 망고를 좋아해요. 망고는 달고 맛있어요.
　　제니 씨는 무슨 과일을 좋아해요?
가 : 저는 바나나와 딸기를 좋아해요.
나 : 그럼 우리 같이 과일을 사러 갈까요?
가 : 좋아요.

무슨 책
무슨 음식
무슨 운동

▪ 과일 : 바나나, 딸기, 수박, 사과, 귤, 망고, 포도
▪ 운동 : 수영, 축구, 테니스, 탁구, 야구, 농구, 골프
▪ 영화 : 코미디, 액션, 멜로, 공포

■ 〈보기〉와 같이 쓰세요.

보기	보기
사과	가 : <u>무슨 과일을</u> 좋아해요? 나 : <u>사과를 좋아해요.</u>

1. 축구

   가 : _____ 좋아해요?
   나 : _____.

2. 공포 영화

   가 : _____ 싫어해요?
   나 : _____.

3. 망고

   가 : _____ 먹어요?
   나 : _____.

4. 수박

   가 : _____ 사요?
   나 : _____.

5. 농구

   가 : _____ 자주 해요?
   나 : _____.

6. 코미디 영화

   가 : _____ 좋아요?
   나 : _____.

7. 수영

   가 : _____ 싫어요?
   나 : _____.

8. 액션영화

   가 : _____ 봐요?
   나 : _____.

21

음식 2	문법	-고 싶다, - 지만
무엇을 시킬까요?	어휘	한국 음식

V- 고 싶다

문법 형태

V-고 싶다

받침 ○	밥을 먹고 싶다
받침 ×	영화를 보고 싶다

안 V-고 싶다 (부정)	V-고 싶지 않다 (부정)	V-고 싶지 않았어요 (과거)
밥을 안 먹고 싶어요	밥을 먹고 싶지 않아요	밥을 먹고 싶지 않았어요
영화를 안 보고 싶어요	영화를 보고 싶지 않아요	영화를 보고 싶지 않았어요

A/V-지만, N(이)지만

문법 형태

A/V -지만

받침 ○	망고는 맛있지만 비싸요.
받침 ×	제니 씨는 키가 크지만 선생님은 키가 작아요

N(이)지만

받침 ○	베트남 사람이지만 한국어를 잘해요
받침 ×	가수지만 노래를 못해요

다 : 어서오세요.
가 : 잠깐만요. 바오 씨, 무엇을 시킬까요?
나 : 저는 비빔밥을 먹고 싶어요.
가 : 비빔밥은 매워요?
나 : 네, 조금 맵지만 맛있어요.
가 : 그러면 저도 비빔밥을 시키고 싶어요.
　　 여기요! 여기, 비빔밥 두 그릇 주세요.
다 : 네, 잠시만 기다리세요.

■ 한국 음식 : 김치, 잡채, 파전, 떡국, 갈비, 삼계탕, 비빔밥, 설렁탕

여행을 안 가고 싶어요.　　　여행을 가고 싶지 않아요.　　　여행을 가고 싶지 않았어요.
음악을 안 듣고 싶어요.　　　음악을 듣고 싶지 않아요.　　　음악을 듣고 싶지 않았어요.
운동을 안 하고 싶어요.　　　운동을 하고 싶지 않아요.　　　운동을 하고 싶지 않았어요.

동생은 착하지만 누나는 무서워요.
운동은 힘들지만 재미있어요.
바오 씨 집은 멀지만 크고 넓어요.

농구 선수지만 키가 작아요.
한국 사람이지만 영어를 잘해요.
도서관이지만 시끄러워요.

■ 〈보기〉와 같이 쓰세요.

보기 무엇을 먹다 / 삼계탕을 먹다

가 : <u>무엇을 먹고 싶어요?</u>

나 : <u>삼계탕을 먹고 싶어요.</u>

보기

가 : 삼계탕 맛은 어때요?

나 : (싱겁다 / 맛있다) <u>조금 싱겁지만 맛있어요.</u>

무엇을 하다 / 영화를 보다

1. 가 : _____?
   나 : _____.

가 : 한국어 공부가 어때요?

나 : (어렵다 / 재미있다) _____.

어디에 가다 / 명동에 가다

2. 가 : _____?
   나 : _____.

가 : 학생 식당이 어때요?

나 : (싸다 / 맛있다) _____.

누구를 만나다 / 부모님을 만나다

3. 가 : _____?
   나 : _____.

가 : 제니 씨하고 바오 씨는 축구를 잘해요?

나 : (제니, 축구를 잘하다 / 바오, 축구를 못하다)
_____.

주말에 무엇을 하다 / 친구하고 놀다

4. 가 : _____?
   나 : _____.

가 : 마이클씨는 한국어를 잘해요?

나 : (마이클 씨는 미국 사람이다 / 한국어를 잘하다)
_____.

무엇을 안 하다 / 농구를 안 하다

5. 가 : _____?
   나 : _____.

가 : 무슨 운동을 좋아해요?

나 : (농구, 좋아하다 / 축구, 싫어하다)
_____.

어제 어디에 가다 / 어제 바다에 가다

6. 가 : _____?
   나 : _____.

가 : 어제 무엇을 했어요?

나 : (약속이 있다 / 친구를 못 만나다)
_____.

주말에 등산을 하다 / 아니요, 등산을 안 하다, 쉬다

7. 가 : _____?
   나 : _____.

가 : 아침밥을 먹었어요?

나 : (아침밥을 먹다 / 배가 고프다)
_____.

비빔밥을 만들다 / 아니요, 비빔밥을 안 만들다, 불고기를 만들다

8. 가 : _____?
   나 : _____.

가 : 어제 등산을 했어요?

나 : (아주 피곤하다 / 재미있다)
_____.

22

일상생활 1 | **문법** -(으)ㄹ 거예요 / -(으)ㄹ 거예요?
방학에 영화를 볼 거예요. | **어휘** 일상생활

V-(으)ㄹ 거예요 / V-(으)ㄹ 거예요?

문법 형태

V-(으)ㄹ 거예요? / V-(으)ㄹ 거예요.

받침 ○	밥을 먹을 거예요? 밥을 먹을 거예요.	밥을 안 먹을 거예요. 밥을 먹지 않을 거예요.
받침 ×	영화를 볼 거예요? 영화를 볼 거예요.	책을 안 읽을 거예요. 책을 읽지 않을 거예요.

가 : 바오 씨, 방학에 뭐 할 거예요?
나 : 저는 방학에 영화를 볼 거예요.
가 : 영화를 좋아해요?
나 : 네, 저는 코미디 영화를 좋아해요.
　　 제니 씨는 방학에 뭐 할 거예요?
가 : 저는 아직 모르겠어요. 그냥 쉴 거예요.
나 : 그럼 저하고 같이 코미디 영화를 볼까요?
가 : 전 코미디 영화를 별로 안 좋아해요.
　　 액션 영화를 보고 싶어요.
나 : 네, 좋아요. 그럼 언제 만날까요?
가 : 흠. 이번 주 주말이 어때요?
나 : 좋아요. 이번 주 주말에 학교 앞에서 만나요.

친구를 만날 거예요? | 친구를 만날 거예요.
친구를 안 만날 거예요. | 친구를 만나지 않을 거예요.
쇼핑을 할 거예요? | 쇼핑을 할 거예요.
쇼핑을 안 할 거예요. | 쇼핑을 하지 않을 거예요.
편지를 보낼 거예요? | 편지를 보낼 거예요.
편지를 안 보낼 거예요. | 편지를 보내지 않을 거예요.

▪ 일상생활 : 학원에 다니다, 외국어를 배우다, '한국어 능력 시험' 공부를 하다

■ 〈보기〉와 같이 쓰세요.

보기

가 : 내일 뭐 <u>할 거예요</u>?

나 : 친구를 <u>만날 거예요</u>.

1. 가 : 내일 명동에 _____?
   나 : 아니요, 안 _____.

2. 가 : 오늘 무슨 옷을 _____?
   나 : 이 옷을 _____.

3. 가 : 내일 시간 있어요?
   나 : 아니요, 없어요. 학교에서 한국어를 _____.

4. 가 : 언제 여행을 _____?
   나 : 다음 주 금요일에 _____.

5. 가 : 내일 오후에 _____?
   나 : 운동하러 공원에 _____.

6. 가 : 이번 주 주말에 뭐 _____?
   나 : 친구하고 같이 영화관에서 _____.

7. 가 : 공원에서 뭐 _____?
   나 : 사진을 _____.

8. 가 : 주말에 뭐 _____?
   나 : 커피숍에서 커피를 _____.

23

일상생활 1 | 문법 | -(으)니까 / -(으)세요
날씨가 맑으니까 공원에 가세요. | 어휘 | 날씨

A/V -(으)니까

문법 형태

A/V-(으)니까

| 받침 ○ | 밥을 먹으니까 |
| 받침 × | 영화를 보니까 |

V-(으)세요

문법 형태

V-(으)세요

| 받침 ○ | 책을 읽으세요 |
| 받침 × | 영화를 보세요 |

가 : 제니 씨, 이번 주 주말에 뭐 해요?
나 : 바오 씨를 만날 거예요.
가 : 바오 씨하고 뭐 할 거예요?
나 : 서울 영화관에서 영화를 보고 밥을 먹을 거예요.
가 : 그럼 내일 날씨가 맑으니까 공원에 가세요.
나 : 공원이요? 공원이 어디에 있어요?
가 : 서울 영화관 근처에 있어요. 멀지 않아요.
나 : 고마워요. 공원에서 사진을 많이 찍고 싶어요.
가 : 사진을 많이 찍으세요.

창문을 여니까 시원해요.   친구에게 편지를 쓰세요.
옷을 입으니까 따뜻해요.   신발을 신으세요.
음악을 들으니까 행복해요.   에어컨을 켜세요.

■ 날씨 : 맑다, 흐리다, 비가 오다, 눈이 오다, 바람이 불다

■ 〈보기〉와 같이 쓰세요.

보기

가 : 이 치마가 어때요?

나 : 그건 좀 비싸니까 다른 치마를 (사다) 사세요.

1.
   가 : 오늘 날씨가 너무 더워요.
   나 : 네, 너무 더워요. 날씨가 (덥다) _____ 집에서 (쉬다) _____.

2.
   가 : 오늘도 많이 바빠요?
   나 : 네, _____ 내일 만날까요?

3.
   가 : 된장찌개를 먹을까요?
   나 : 어제도 _____ 오늘은 김치찌개를 먹을까요?

4.
   가 : 공포 영화를 볼까요?
   나 : 아니요, 공포 영화는 (무섭다) _____ 다른 영화를 볼까요?

5.
   가 : 저 음식은 맛이 없어요.
   나 : 저 음식은 _____ 다른 음식을 먹을까요?

6.
   가 : 여기가 도서관이에요.
   나 : 네, 학생들이 (공부하다) _____ 조용히 (하다) _____.

7.
   가 : 너무 추워요.
   나 : 바람이 많이 (불다) _____ 집에 (가다) _____?

8.
   가 : 배가 너무 고파요.
   나 : _____ 식당에 (가다) _____?

24

취미 1	문법	-(으)ㄹ 수 있다 / 없다
축구를 할 수 있어요.	어휘	악기

V-(으)ㄹ 수 있다(없다)

문법 형태

V-(으)ㄹ 수 있다(없다)

받침 ○	밥을 먹을 수 있다 / 없다
받침 ×	영화를 볼 수 있다 / 없다

가 : 제니 씨, 주말에 보통 뭐 해요?
나 : 저는 집에서 보통 피아노를 쳐요.
가 : 피아노를 칠 수 있어요?
나 : 네, 칠 수 있어요. 바오 씨는 피아노를 칠 수 있어요?
가 : 아니요, 저는 안 배웠어요. 피아노를 칠 수 없어요.
나 : 그럼 무슨 악기를 할 수 있어요?
가 : 저는 기타를 칠 수 있어요. 제니 씨는 기타를 칠 수 있어요?
나 : 아니요, 기타는 칠 수 없어요. 안 배웠어요.

마리아 씨는 배가 아파서 밥을 먹을 수 없어요.
저는 바이올린을 켤 수 있어요.
너무 바빠요. 그래서 쉴 수 없어요.

■ 악기 : 피아노를 치다, 기타를 치다, 드럼을 치다, 바이올린을 켜다, 하모니카를 불다

■ 〈보기〉와 같이 쓰세요.

보기

가 : 자전거를 잘 타요?

나 : 아니요, 저는 자전거를 탈 수 없어요.

---

1. 가 : 린 씨는 어떤 외국어를 할 수 있어요?

   나 : 저는 고등학교 때 중국어를 배웠어요. 그래서 _____.

---

2. 가 : 지금 은행에서 돈을 찾을 수 있어요?

   나 : 아니요, 지금은 시간이 늦었어요. 그래서 _____.

---

3. 가 : 어떤 악기를 할 수 있어요?

   나 : 저는 (하모니카) _____.

---

4. 가 : K-pop 댄스를 출 수 있어요?

   나 : 저는 안 배웠어요. 그래서 _____.

---

5. 가 : 바오 씨는 한국 음식을 만들 수 있어요?

   나 : 아니요, 저는 한국 음식을 _____.

---

6. 가 : 오늘 오후에 영화를 보러 갈까요?

   나 : 미안해요. 오늘은 영화를 _____. 내일 시험이 있어요.

---

7. 가 : 오늘 도서관에서 시험 공부를 같이 할까요?

   나 : 네, 좋아요. _____.

---

8. 가 : 다음 주 토요일에 같이 만날까요?

   나 : 네, 다음 주 토요일에 약속이 없어요. 그래서 _____.

25

취미 1	문법	-아 / 어 / 해서 1
친구를 만나서 같이 밥을 먹어요.	어휘	취미

V-아 / 어 / 해서 1

문법 형태

V-아/어/해서 1

ㅏ, ㅗ	가다 오다 만나다	가+ -아서 → 가서 오+ -아서 → 와서 만나+ -아서 → 만나서

* 가다, 오다, 만나다, 쓰다, 사다, 요리하다, 일어나다

가 : 취미가 뭐예요?
나 : 제 취미는 사진찍기예요.
가 : 사진을 잘 찍어요?
나 : 잘 못 찍어요. 그렇지만 사진찍기를 좋아해요.
가 : 보통 어디에서 사진을 찍어요?
나 : 저는 보통 공원에 가서 사진을 찍어요.
가 : 언제 사진을 찍어요?
나 : 주말에 친구를 만나서 사진을 찍어요. 린 씨는 취미가 뭐예요?
가 : 저는 우표 모으기예요.
나 : 정말로요? 보고 싶어요.
가 : 다음에 우리집에 오세요.

집에 와서 샤워했어요.
저는 친구를 만나서 영화를 봤어요.
아키코 씨는 과일을 사서 친구하고 같이 먹었어요.

■ 취미 : 사진찍기, 그림그리기, 영화보기, 운동하기, 여행하기, 우표 모으기

◼ 〈보기〉와 같이 쓰세요.

보기

가 : 학교에 가서 뭐 할 거예요?

나 : 학교에 가서 공부를 할 거예요.

1. 가 : 내일 친구를 만나서 뭐 하고 싶어요?

   나 : 저는 _____.

2. 가 : 고향에 가서 뭐 했어요?

   나 : 저는 _____.

3. 가 : 어제 뭐 했어요?

   나 : 도서관_____.

4. 가 : 친구를 만나서 뭐 했어요?

   나 : 영화관_____.

5. 가 : 박물관에 가서 뭐 할 거예요?

   나 : _____.

6. 가 : 보통 도서관에 가서 뭐 해요?

   나 : 보통 _____.

7. 가 : 오늘 친구를 만나서 뭐 할 거예요?

   나 : 농구장에 가서 _____.

8. 가 : 공원_____?

   나 : _____.

26

길 찾기	문법	(으)로, -(으)면 되다
학교가 어디에 있어요?	어휘	방향

N(으)로

문법 형태

N(으)로

받침 ○	오른쪽으로
받침 ×	지하로

V-(으)면 되다

문법 형태

A/V-(으)면 되다

받침 ○	책을 읽으면 돼요.
받침 ×	영화를 보면 돼요.

가 : 제니 씨, 학교가 어디에 있어요?
나 : 횡단보도를 건너가면 가면 돼요.
가 : 아, 그래요? 고마워요. 그럼 학생 식당은 이쪽으로 가면 돼요?
나 : 아니에요. 학생 식당은 지하로 내려가면 돼요.

여기에서 오른쪽으로 가세요.
화장실은 2층으로 올라가면 돼요.
이쪽으로 쭉 직진하면 은행이 있어요.

생일 선물만 사면 돼요.
이 식당에서 밥을 먹으면 돼요.
이제 숙제만 하면 돼요.

■ 방향 : 올라가다, 내려가다, 오른쪽, 왼쪽, 직진, 그쪽, 이쪽, 저쪽, 들어가다, 나가다

■ 〈보기〉와 같이 쓰세요.

보기

가 : 학교가 어디에 있어요?

나 : <u>오른쪽으로 가면 돼요.</u>

1. 가 : (식당) _____?
   나 : (왼쪽 / 돌아가다) _____.

2. 가 : (화장실) _____?
   나 : (여기 / 들어가다) _____.

3. 가 : (가게) _____?
   나 : (지하 / 내려가다) _____.

4. 가 : (백화점) _____?
   나 : (횡단보도 / 건너다) _____.

5. 가 : (서점) _____?
   나 : (이쪽 / 가다) _____.

6. 가 : (커피숍) _____?
   나 : (2층 / 올라가다) _____.

7. 가 : (극장) _____?
   나 : (왼쪽 / 가다) _____.

8. 가 : (약국) _____?
   나 : (똑바로 가다) _____.

27

길 찾기	문법	-아 / 어 주세요, -(으)ㄹ게요.
도와주세요.	어휘	길

V-아 / 어 / 해 주세요.

문법 형태

V-아/어/해 주세요

ㅏ, ㅗ	가다 오다 잡다 돕다	가 + 아 주세요 → 가 주세요. 오 + 아 주세요 → 와 주세요. 잡 + 아 주세요 → 잡아 주세요. 돕 + 아 주세요 → 도와 주세요
ㅓ, ㅜ, ㅡ, ㅣ…	쉬다 쓰다	쉬다 + 어 주세요 → 쉬어 주세요. 쓰다 + 어 주세요 → 써 주세요.
○○하다	요리하다 → 요리해 주세요.	

V-(으)ㄹ게요

문법 형태

V-(으)ㄹ게요

받침 ○	책을 읽을게요.	책을 읽지 않을게요.
받침 ×	영화를 볼게요.	영화를 보지 않을게요.

가 : 여보세요? 민수 씨?
나 : 네, 제니 씨. 어디에요?
가 : 저 지금 시청역 근처에 있어요. 그런데 잘 모르겠어요. 어디로 가야 돼요?
나 : 시청역 2번 출구로 나와서 오른쪽 골목으로 들어가세요. 거기에서 쭉 가면 돼요.
가 : 골목이요? 잘 모르겠어요. 도와주세요.
나 : 알았어요. 지금 제가 나갈게요. 거기에서 기다려 주세요.
가 : 고마워요. 민수 씨, 기다릴게요.

이것 좀 읽어 주세요.   제가 먹을게요.
여기에 와 주세요.   제가 쓸게요.
이 음악 좀 같이 들어 주세요.   제가 그 음악을 들을게요.

- 실례합니다. 도와주세요. 그러면
- 길 : 곧장, 건너다, 지하, 층, 똑바로, 횡단보도

■ 〈보기〉와 같이 쓰세요.

보기

가 : (잡다) 이것 좀 <u>잡아 주세요</u>.

나 : (도와주다)네, 제가 <u>도와줄게요</u>.

1. 가 : (쓰다)잘 안 보여요. 크게 _____.
   나 : 네, 크게 _____.

2. 가 : (먹다) 배가 너무 불러요. 이거 좀 _____.
   나 : 네, 제가 _____.

3. 가 : 제니 씨 생일 좀 _____.
   나 : 12월 10일이에요.

4. 가 : 더워요?
   나 : 네, 좀 더워요. 창문 좀 _____.

5. 가 : 누가 읽을 거예요?
   나 : 제가 _____.

6. 가 : 많이 드세요.
   나 : 네, 맛있게 _____.

7. 가 : 진 씨 생일 선물은 뭘 살 거예요?
   나 : 저는 케이크를 _____.

8. 가 : 우리 어디에서 만날까요?
   나 : 제가 호걸 씨의 집 근처까지 _____.

28

병원	문법	-아 / 어 / 해서2, 못
배가 아파서 병원에 갔어요.	어휘	몸

A/V-아 / 어 / 해서2 , N이어서 / 여서

문법 형태

A/V-아 / 어 / 해서 2

ㅏ, ㅗ	가다 좋다	가 + 아서 → 가서 좋다 + 아서 → 좋아서
ㅓ, ㅜ, ㅡ, ㅣ…	먹다 예쁘다	먹다 + 어서 → 먹어서 예쁘다 + 어서 → 예뻐서
○○하다		요리하다 → 요리해서 건강하다 → 건강해서

N이어서 / 여서

받침 ○	학생이어서
받침 ×	주부여서

못 V

문법 형태

못 V

받침 ○	못 먹어요.
받침 ×	못 봐요.

가 : 여보세요? 바오 씨, 오늘 왜 학교에 안 왔어요?
나 : 어제 밤에 배가 아파서 병원에 갔어요.
가 : 많이 아파요? 어제 뭘 먹었어요?
나 : 어제 친구들하고 술도 마시고 밥도 많이 먹었어요.
　　밤에 너무 아파서 잠을 못 잤어요. 그래서 병원에 갔다 왔어요.
가 : 지금은 어때요? 아직도 아파요?

▪ 몸 : 머리, 어깨, 무릎, 팔, 허리, 배, 가슴, 등, 다리, 발, 눈, 코, 입, 귀

나 : 지금 배는 안 아파요. 그런데 머리가 조금 아파요.
가 : 오늘은 푹 쉬세요. 내일은 학교에 올 수 있어요?
나 : 네, 내일은 갈 수 있어요. 내일 만나요.

아키코 씨는 시간이 없어서 숙제를 못 했어요.
유리 씨는 꽃을 좋아해서 집에 꽃이 많아요.
너무 더워서 밖에 못 나갔어요.

저는 학생이어서 방학이 있어요.
엄마는 주부여서 요리를 잘 하세요.
제 동생은 아기여서 글을 못 읽어요.

이가 아파서 밥을 못 먹어요.
나이가 어려서 이 영화를 못 봐요.
숙제가 많아서 명동에 같이 못 가요.

◼ 〈보기〉와 같이 쓰세요.

보기

가 : 오늘은 학교에 올 수 있어요?

나 : (배가 아프다 / 숙제를 못 하다) <u>배가 아파서 학교에 못 가요.</u>

1. 가 : 왜 숙제를 안 했어요?

   나 : (머리가 아프다 / 숙제를 못 하다) _____.

2. 가 : 왜 커피를 안 마셔요?

   나 : (잠을 못 자다 / 커피를 안 마시다) _____.

3. 가 : 어제 시험을 잘 봤어요?

   나 : (너무 어렵다 / 시험을 못 보다) _____.

4. 가 : 피아노를 칠 수 있어요?

   나 : (안 배우다 / 못 치다) 아니요, _____.

5. 가 : 왜 밥을 안 먹어요?

   나 : (배가 부르다 / 밥을 못 먹다) _____.

6. 가 : 왜 김치를 안 먹어요?

   나 : (너무 맵다 / 못 먹다) _____.

7. 가 : 오늘 날씨가 어때요? 공원에 갈 수 있어요?

   나 : (비가 오다 / 공원에 못 가다) _____.

8. 가 : 공포 영화를 볼 수 있어요?

   나 : (너무 무섭다 / 못 보다) _____.

29

병원	문법	-(으)ㄴ / 는, -는 것
집에서 푹 쉬는 것이 좋아요.	어휘	형용사 II

A-(으)ㄴ, V-는

문법 형태

A-(으)ㄴ N

받침 ○	작은 책
받침 ×	예쁜 꽃

V-는 N

		V-(으)ㄴ N (과거)	V-는 N (현재)	V-(으)ㄹ N (미래)
받침 ○	먹다	먹은 빵	먹는 빵	먹을 빵
받침 ×	가다	간 사람	가는 사람	갈 사람

V-는 것

문법 형태

V-는 것

받침 ○	읽는 것
받침 ×	보는 것

* -는 곳 (장소)

가 : 여보세요? 바오 씨, 오늘 왜 학교에 안 왔어요?
나 : 저 감기에 걸렸어요.
가 : 어머 괜찮아요? 왜 감기에 걸렸어요?
나 : 비가 오는 날에 우산이 없어서 그냥 비를 맞았어요.
가 : 오늘 병원에 갔어요?
나 : 너무 피곤해서 병원에 안 갔어요. 대신 따뜻한 물을 많이 마시고 쉬었어요.
가 : 네, 잘했어요. 집에서 푹 쉬는 것이 좋아요.
나 : 네, 고맙습니다. 내일은 꼭 학교에 갈게요. 내일 만나요, 선생님!

▪ 형용사 II : 아프다, 높다, 낮다, 넓다, 좁다, 가깝다, 멀다, 뜨겁다, 차갑다, 무섭다, 가볍다, 무겁다

이것보다 더 작은 옷을 사고 싶어요.
이렇게 예쁜 꽃은 처음 봤어요.
어제 먹은 라면은 맛있었어요.   지금 먹는 라면은 조금 싱거워요.

저는 책을 읽는 것을 좋아해요.
저는 운동하는 것을 안 좋아해요.
자주 가는 곳이 어디예요?

■ 〈보기〉와 같이 쓰세요.

보기

가 : 비가 올 때는 뭐 하고 싶어요?
나 : 비가 오는 날에는 칼국수를 먹고 싶어요.

1. 가 : 어떤 음식을 좋아해요?
   나 : (맵다 / 달다) _____ 음식을 좋아해요.

2. 가 : 우리 어느 식당에 갈까요?
   나 : (가깝다) 여기에서 _____ 식당에 가요.

3. 가 : 날씨가 정말 좋아요.
   나 : 네, 요즘 날씨가 이렇게 _____ 날이 없었어요.

4. 가 : 어느 식당이 맛있을까요?
   나 : 사람이 _____ 식당이 맛있는 식당일 거예요.

5. 가 : 지금 뭐 먹어요?
   나 : 지금 _____ 음식은 라면이에요.

6. 가 : 여보세요? 지금 어디에요?
   나 : 지금 _____ 곳은 시청역 근처예요.

7. 가 : 시간이 있을 때 뭐 해요?
   나 : (음악을 듣다) 저는 _____ 을 / 를 좋아해요.

8. 가 : 취미가 뭐예요?
   나 : (영화를 보다) 제 취미는 _____ 이에요.

30

소개	문법	–습니까 ?/ 습니다. –입니까 ?/ 입니다.
제 고향은 부산입니다.	어휘	부사

A/V-습니까? / -습니다, N입니까? / 입니다

문법 형태

A/V-습니까? / -습니다.

받침 ○	밥을 먹습니까? / 밥을 먹습니다.
받침 ×	영화를 봅니까? / 영화를 봅니다.

N입니까? /입니다.

받침 ○	책입니까? / 책입니다.
받침 ×	지우개입니까? / 지우개입니다.

제 고향을 소개하겠습니다. 제 고향은 부산입니다.
제 고향은 한국에서 두 번째로 큰 도시입니다. 제 고향에는 바다도 있습니다. 바다가 아주 아름답습니다.
특히 광안리의 야경은 아주 아름답습니다. 그래서 사람들이 많이 놀러옵니다.
그리고 제 고향은 많은 곳이 유명합니다. 바다 옆에 있는 절, '해동 용궁사'는 많은 사람들이 찾아옵니다. 그리고 사람들이 '감천 문화마을'에서도 사진을 많이 찍습니다. 제 고향은 음식도 너무 유명합니다.
여러분, 제 고향으로 꼭 한번 놀러 오세요.

학교에 갑니까?
밥을 먹습니다.
린 씨는 음악을 듣습니다.
날씨가 아주 춥습니다.

저는 한국 사람입니다.
저는 의사입니다.
직업이 무엇입니까?

▪ 부사 : 아주, 너무, 다, 천천히, 푹(자다)

■ 〈보기〉와 같이 쓰세요.

보기

가 : 누가 밥을 먹습니까?

나 : (동생) 동생이 밥을 먹습니다.

1. 가 : 이 사람은 누구입니까?
   나 : (제인) _____.

2. 가 : 방에 뭐가 있습니까?
   나 : _____.

3. 가 : 이게 뭡니까?
   나 : (책하고 연필) _____.

4. 가 : 지금 무엇을 합니까?
   나 : (밥을 먹고 커피를 마시다) _____.

5. 가 : 노래방에서 무엇을 합니까?
   나 : (춤을 추고 노래를 부르다) _____.

6. 가 : 도서관에서 뭐 합니까?
   나 : _____.

7. 가 : 영화관에서 무엇을 합니까?
   나 : _____.

8. 가 : 무슨 악기를 할 수 있습니까?
   나 : 저는 _____.

31

소개	문법	-(으)시-
저 분이 제 아버지십니다.	어휘	가족, 높임말

A/V -(으)시- , N(이)시-

문법 형태

A/V -(으)시 -

| 받침 ○ | 책을 읽으시다. / 기분이 좋으시다. |
| 받침 × | 영화를 보시다. / 예쁘시다. |

N(이)시-

| 받침 ○ | 회사원 + 이시다 → 회사원이시다 |
| 받침 × | 의사 + 세요 → 의사시다 |

안녕하십니까? 저는 제니입니다. 우리 가족을 소개하겠습니다.
우리 가족은 아버지하고 어머니, 오빠, 언니, 남동생, 저까지 모두 6명입니다.
저 분이 우리 아버지십니다. 아버지께서는 아주 멋있으십니다.
저 분은 우리 어머니십니다. 어머니께서는 아주 아름다우십니다.
이 사람은 우리 오빠와 언니입니다. 오빠는 키가 커서 인기가 많습니다. 언니는 성격이 좋아서 친구가 많습니다.
이 사람은 제 남동생입니다. 남동생은 10살입니다. 매우 귀엽습니다.
우리 아버지께서는 선생님이시고 어머니께서는 주부십니다. 오빠는 미국에서 회사를 다니고 언니는 결혼해서 영국에서 삽니다. 남동생은 학생이라서 학교에 다닙니다.
저는 한국에서 한국어를 공부합니다. 한국어는 아주 재미있고 한국 사람들은 친절합니다. 저는 한국 대학교에 입학하고 싶습니다.

할아버지께서 지금 주무세요.
외할아버지께서 집에서 식사하세요.
어머니께서는 회사원이세요.
아버지께서는 의사세요.
할머니께서는 아주 예쁘세요.
외할머니께서는 음악 듣는 것을 좋아하셔서 지금 음악을 들으세요.

- 가족 : 할아버지, 할머니, 외할아버지, 외할머니, 아버지, 어머니, 형(오빠), 누나(언니), 동생, 형제(자매, 남매)
- 높임말 : 계시다, 드시다, 말씀하시다, 주시다, 주무시다
- 조사 : 이 / 가 → 께서, 은 / 는 → 께서는, 에게 → 께

■ 〈보기〉와 같이 쓰세요.

보기

가 : 할아버지께서 지금 뭐 하세요?

나 : (책을 읽다) <u>지금 책을 읽으세요.</u>

1.
   가 : 어머니께서는 어디에 _____?

   나 : (방에 있다) _____.

2.
   가 : 할머니께서는 지금 뭐 하세요?

   나 : (차를 마시다) _____.

3.
   가 : 아버지께서는 뭐 하세요?

   나 : (동생에게 말하다) _____.

4.
   가 : 누나는 지금 뭐 해요?

   나 : (할머니하고 같이 이야기하다) _____.

5.
   가 : 어머니께서는 지금 어디에 _____?

   나 : (방에서 자다) 지금 _____.

6.
   가 : 외할머니께서는 지금 어디에 _____?

   나 : (우리 집에 있다) _____.

7.
   가 : 외할아버지께서는 선물을 _____?

   나 : 네, 외할아버지가 선물을 _____.

8.
   가 : 할아버지께서는 뭐 하세요?

   나 : _____.

32		
여행 1	문법	보다 (더), -지요?
베트남 날씨가 덥지요?	어휘	여행

N보다 (더)

문법 형태

N보다 (더)

받침 ○	언니 > 동생 (예쁘다) 동생보다 언니가 더 예뻐요.
받침 ×	나 < 친구 (착하다) 친구보다 내가 더 착해요.

A/V-지요?, N(이)지요?

문법 형태

A/V-지요?

		과거 -았 / 었 / 했지요?	현재 -지요?	미래 -(으)ㄹ 거지요?
받침 ○		먹었지요?	먹지요?	먹을 거지요?
		작았지요?	작지요?	×
받침 ×		봤지요?	보지요?	볼 거지요?
		예뻤지요?	예쁘지요?	×

N(이)지요?

	과거 N이었 / 였지요?	현재 N(이)지요?	미래
받침 ○	선생님이었지요?	선생님이지요?	×
받침 ×	의사였지요?	의사지요?	×

가 : 바오 씨, 안녕하세요?
나 : 미카 씨, 오랜만이에요. 여행을 잘 다녀왔어요?
가 : 네, 저는 베트남에 다녀왔어요.

■ 여행 : 배낭여행, 패키지 여행, 크루즈 여행, 자유 여행, 여행 가이드, 게스트 하우스, 호텔

나 : 베트남 날씨가 덥지요?
가 : 네, 일본보다 베트남이 더 더웠어요. 그렇지만 너무 재미있었어요.
나 : 자유 여행으로 갔어요? 패키지 여행으로 갔어요?
가 : 저는 자유 여행으로 갔어요. 게스트 하우스에서 자고 여러 나라 사람들과 만나서 이야기도 많이 했어요.
나 : 다음에는 베트남의 다른 곳도 가세요.
가 : 네, 다음에는 배낭 여행으로 한 달 동안 여행하고 싶어요.

언니가 동생보다 더 키가 커요.
저는 딸기보다 사과를 더 좋아해요.
김치찌개가 삼계탕보다 더 짜요.

어제 도서관에서 책을 읽었지요?
지금 식당에서 밥을 먹지요?
내일 유나 씨를 만날 거지요?
고향에서는 학생이었지요?
지금은 회사원이지요?

■ 〈보기〉와 같이 쓰세요.

보기

형 〉 동생 / 크다

가 : 형이 더 <u>크지요?</u>
나 : 네, 형이 동생보다 키가 더 커요.

1. (딸기 〉 바나나) / 좋아하다

   가 : 딸기를 더 _____?
   나 : _____.

2. (축구 〉 농구) / 잘하다

   가 : 농구를 더 _____?
   나 : _____.

3. (불고기 〈 김치) / 맵다

   가 : 불고기가 더 _____?
   나 : _____.

4. (말레이시아 〉 서울) / 덥다

   가 : 말레이시아가 더 _____?
   나 : _____.

5. (에릭 〉 바오) / 뚱뚱하다

   가 : 바오 씨가 더 _____?
   나 : _____.

6. (삼계탕 〉 떡볶이) / 맛있다

   가 : 삼계탕이 더 _____?
   나 : _____.

7. (학교 〈 식당) / 가깝다

   가 : 학교가 더 _____?
   나 : _____.

8. (한국어 영어) / 어렵다

   가 : 한국어가 더 _____?
   나 : _____.

33

여행 1	문법	-아 / 어 / 해 보다
제주도에 가 봤어요.	어휘	여행 감상

V-아 / 어 / 해 보다

문법 형태

V -아 / 어 / 해 봤어요

ㅏ, ㅗ	가다 오다	가 + 아 보다 → 가 봤어요 오 + 아 보다 → 와 봤어요
ㅓ, ㅜ, ㅡ, ㅣ...	먹다 읽다	먹다 + 어 보다 → 먹어 봤어요 읽다 + 어 보다 → 읽어 봤어요
○○하다	요리하다 → 요리해 봤어요.	

안 V-아/어/해 봤어요, V-아/어/해 보지 않았어요.
못 V-아/어/해 봤어요, V-아/어해 보지 못했어요.

ㅏ, ㅗ	가다	가 + 아 보다 → 안 가 봤어요 / 가보지 않았어요 못 가 봤어요 / 가 보지 못했어요
ㅓ, ㅜ, ㅡ, ㅣ...	먹다	먹다 + 어 보다 → 안 먹어 봤어요 / 먹어보지 않았어요 못 먹어 봤어요 / 먹어보지 못했어요
○○하다	요리하다 → 요리 안 해 봤어요 / 요리해보지 않았어요. 요리 못 해 봤어요 / 요리해보지 못했어요	

가 : 오랜만이에요. 제니 씨.
나 : 어머, 바오 씨, 안녕하세요? 잘 지냈어요?
가 : 네, 저는 잘 지냈어요. 방학을 잘 보냈어요?
나 : 네, 방학에 여행을 했어요.
가 : 어디를 여행했어요?
나 : 저는 제주도에 갔어요. 너무 인상적이었어요.
가 : 제주도에 갔어요? 아름답지요? 저도 제주도에 가 봤어요.
나 : 그래요? 음식도 너무 맛있고 경치도 이국적이라서 다음에 또 가보고 싶어요.

제주도에 가 봤어요.
삼계탕을 먹어 봤어요?
저는 아직 제주도에 안 가 봤어요.
삼계탕을 먹어 보지 못했어요.

▪ 여행 감상 : 인상적이다, 감동적이다, 이국적이다, 신기하다, 그저 그렇다, 별로이다, 실망스럽다

◻ 〈보기〉와 같이 쓰세요.

보기

삼계탕 / 먹다

가 : 삼계탕을 먹어 봤어요?
나 : 네, 먹어 봤어요. / 아니요, 안 먹어 봤어요.

1. 한국 책 / 보다

   가 : _____?
   나 : 네, _____.

2. 수박 주스 / 마시다

   가 : _____?
   나 : 아니요, _____.

3. k-pop / 듣다

   가 : _____?
   나 : 네, _____.

4. 공원 / 사진 찍다

   가 : 공원에서 _____?
   나 : 네, _____.

5. 불고기 / 먹다

   가 : _____?
   나 : 네, _____.

6. 요가 하다

   가 : 요가를 _____?
   나 : _____.

7. 컴퓨터 게임 / 하다

   가 : 컴퓨터 게임을 _____?
   나 : _____.

8. 한국요리를 만들다

   가 : _____?
   나 : _____.

34

공공장소	문법	-지 마세요
내일 늦지 마세요.	어휘	약속

V-지 마세요

문법 형태

V-지 마세요

받침 ○	읽지 마세요.
받침 ×	보지 마세요.

가 : 제니 씨, 내일 시간이 있어요?
나 : 미안해요. 내일은 약속이 있어요.
가 : 그래요? 무슨 약속이 있어요?
나 : 저는 내일 친구들하고 같이 박물관에 갈 거예요.
가 : 저도 같이 가고 싶어요. 약속 시간이 언제예요? 그리고 약속 장소는 어디예요?
나 : 내일 박물관 앞에서 오후 2시에 만날 거예요.
가 : 네, 저도 내일 2시까지 박물관으로 갈게요.
나 : 네, 바오 씨, 내일 늦지 마세요. 약속을 꼭 지키세요.

교실에서 밥을 먹지 마세요.
사진을 찍지 마세요.
여기에서 춤을 추지 마세요.

▪ 약속 : 약속, 약속 시간, 약속 장소, 약속을 지키다, 약속을 하다, 약속이 있다 / 없다

■ 〈보기〉와 같이 쓰세요.

보기

담배를 피우다   담배를 피우지 마세요.

1. 전화를 하다 _____.

2. 밥을 먹다 _____.

3. 자다 _____.

4. 노래를 하다 _____.

5. 커피를 마시다 _____.

6. 앉다 _____.

7. 일어나다 _____.

8. 뛰다 _____.

35

공공장소	문법	-(으)ㅂ시다 / -지 맙시다. -(으)십시오 / -지 마십시오.
박물관에서 사진을 찍지 마십시오.	어휘	동사 Ⅳ

V- (으)ㅂ시다, V-지 맙시다

문법 형태

V -(으)ㅂ시다

| 받침 ○ | 밥을 먹읍시다. |
| 받침 × | 영화를 봅시다. |

V-지 맙시다

| 받침 ○ | 밥을 먹지 맙시다. |
| 받침 × | 영화를 보지 맙시다. |

V-(으)십시오, V-지 마십시오

문법 형태

V-(으)십시오

| 받침 ○ | 책을 읽으십시오. |
| 받침 × | 영화를 보십시오. |

V-지 마십시오

| 받침 ○ | 책을 읽지 마십시오. |
| 받침 × | 영화를 보지 마십시오. |

(박물관)
가 : 어서오십시오. 한국 박물관입니다.
나 : 제니 씨, 여기가 박물관이에요?
다 : 네, 바오 씨. 그런데 조용히 하세요. 박물관에서는 떠들지 맙시다.
나 : 알겠어요. 그런데 이게 뭐예요?
다 : 그건 한국 전통 옷 "한복"이에요. 한복을 알아요?
나 : 네, 드라마에서 봤어요. 정말 예뻐요. 사진을 찍고 싶어요.
가 : 박물관에서 사진을 찍지 마십시오.
나 : 죄송합니다.
다 : 바오 씨, 조용히 하세요. 우리 같이 한국 전통 집 "한옥"을 보러 갑시다.

책을 읽읍시다. 공부를 합시다. 음악을 들읍시다.	책을 읽으십시오. 공부를 하십시오. 음악을 들으십시오.
여기에서 밥을 먹지 맙시다. 여기에서 말하지 맙시다. 여기에서 음악을 듣지 맙시다.	여기에서 밥을 먹지 마십시오. 여기에서 말하지 마십시오. 여기에서 음악을 듣지 마십시오.

▪ 동사 Ⅳ : 낙서를 하다, 떠들다, 손을 대다, 쓰레기를 버리다

◼ 〈보기〉와 같이 쓰세요.

보기

　　　　공원
　　　（조용히 하다）　　－ 공원에서 조용히 합시다. / 공원에서 조용히 하십시오.

도서관
1. （책을 읽다）　　　－ _____
   （낙서를 하다）　　－ _____

박물관
2. （그림을 구경하다）　－ _____
   （손을 대다）　　　－ _____

영화관
3. （영화를 보다）　　－ _____
   （이야기를 하다）　－ _____

교실
4. （한국어를 공부하다）－ _____
   （떠들다）　　　　－ _____

화장실
5. （손을 씻다）　　　－ _____
   （사진을 찍다）　　－ _____

식당
6. （식사를 하다）　　－ _____
   （시끄럽게 이야기하다）－ _____

동물원
7. （사진을 찍다）　　－ _____
   （동물에게 음식을 주다）－ _____

미술관
8. （　　　　）　　　－ _____
   （　　　　）　　　－ _____

36

계획	문법	-(으)려고 하다
친구를 만나서 공원에 가려고 해요.	어휘	휴가

V-(으)려고 하다

문법 형태

V-(으)려고 하다

받침 ○	밥을 먹으려고 해요.
받침 ×	영화를 보려고 해요.

가 : 제니 씨 이번 휴가에 뭐 할 거예요?
나 : 저는 고향에 갔다 오려고 해요. 바오 씨는요?
가 : 저는 친구를 만나서 공원에 가려고 해요.
나 : 그래요? 공원에서 뭐 할 거예요?
가 : 친구가 농구를 좋아해서 농구를 하려고 해요.
그리고 베트남 식당에 가서 밥을 먹고 집에서 쉴 거예요.
제니 씨는 왜 고향에 가려고 해요?
나 : 부모님이 너무 보고 싶어요.
가 : 아 그래요? 부모님에게 말했어요? 비행기 표는 샀어요?
나 : 부모님께 말했어요. 그런데 비행기 표는 아직 안 샀어요.

저는 고향에 갔다 오려고 해요.
밥을 먹으러 식당에 가려고 해요.
음악을 들으려고 해요. 같이 들을까요?

■ 휴가 : 쉬다, 취직 준비를 하다, 한국 문화를 체험하다, 봉사 활동을 하다, 고향에 갔다 오다

■ 〈보기〉와 같이 쓰세요.

보기

가 : 방학에 뭐 할 거예요?

나 : <u>저는 그냥 집에서 쉬려고 해요.</u>

1. 가 : 주말에 뭐 할 거예요?
   나 : 집에서 한국어능력시험을 _____.

2. 가 : 이번 주 토요일에 뭐 할 거예요?
   나 : 친구하고 영화를 보러 _____.

3. 가 : 이번 주말에 뭐 할 거예요?
   나 : 친구하고 같이 한국 문화를 _____.

4. 가 : 방학에 뭐 할 거예요?
   나 : 부모님이 보고 싶어서 _____.

5. 가 : 이번 휴가에 뭐 할 거예요?
   나 : 외국어를 배우고 싶어서 학원에 _____.

6. 가 : 다음 휴가에 뭐 할 거예요?
   나 : 친구하고 같이 바닷가에 _____.

7. 가 : 어제 책을 다 읽었어요?
   나 : 책을 다 _____. 그런데 너무 졸려서 다 못 읽었어요.

8. 가 : 지난 방학에 뭐 했어요?
   나 : 저는 봉사활동을 _____. 그런데 너무 바빠서 못 했어요.

37

계획	문법	-기 전에, -(으)ㄴ 후에, 전에 / 후에
졸업 후에 취직할 거예요.	어휘	계획

V-기 전에 / N 전에

문법 형태

V -기 전에
- 받침 ○ 밥을 먹기 전에
- 받침 ✕ 영화를 보기 전에

N 전에
- 받침 ○ 수업 전에
- 받침 ✕ 회의 전에

V-(으)ㄴ 후에 / N 후에

문법 형태

V-(으)ㄴ 후에
- 받침 ○ 밥을 먹은 후에
- 받침 ✕ 영화를 본 후에

N 후에
- 받침 ○ 수업 후에
- 받침 ✕ 회의 후에

가 : 바오 씨는 한국어 공부가 끝난 후에 뭐 할 거예요?
나 : 저는 한국어 공부가 끝난 후에 고향에 돌아갈 거예요.
가 : 고향에 돌아가서 뭐 할 거예요?
나 : 저는 회사에 취직할 거예요. 제니 씨는 한국어 공부가 끝난 후에 뭐 할 거예요?
가 : 저는 한국어 공부가 끝난 후에 대학에 입학할 거예요.
나 : 그래요? 그리고 뭐 할 거예요?
가 : 대학을 졸업한 후에 한국 회사에 취직 할 거예요.
나 : 우와! 멋있어요. 결혼은 언제 할 거예요?
가 : 은퇴 전에 할 거예요.

학교에 오기 전에 숙제를 가지고 오세요.
취직을 하기 전에 아르바이트를 할 거예요.
식사 전에 손을 씻으세요.
학교 졸업 전에 회사에 취직할 거예요.
영화를 본 후에 밥을 먹을까요?
커피를 마신 후에 도서관에서 공부를 하려고 해요.

▫ 계획 : 식사, 수업, 취직, 회의, 졸업, 은퇴

■ 〈보기〉와 같이 쓰세요.

보기

가 : 한국에 <u>오기 전에</u> 뭐 했어요?

나 : 회사에 다녔어요.

---

1. 가 : 언제 선생님에게 전화했어요?

    나 : 학교에 _____ 전화했어요.

---

2. 가 : 청소를 _____ 먼저 문을 여세요.

    나 : 네, 문을 연 후에 청소할게요.

---

3. 가 : 밥을 먹은 후에 샤워를 해요?

    나 : 아니요, _____ 샤워를 해요.

---

4. 가 : 학교에 _____ 무엇을 했어요?

    나 : 씻고 밥을 먹었어요.

---

5. 가 : 잠을 _____ 무엇을 해요?

    나 : 저는 친구하고 문자를 해요.

---

6. 가 : 한국어 공부가 _____ 뭐 할 거예요?

    나 : _____.

---

7. 가 : 졸업 _____ 뭐 할 거예요?

    나 : _____.

---

8. 가 : 식사 _____ 뭐 할 거예요?

    나 : _____.

38

날씨	문법	-(으)ㄹ까요? / -(으)ㄹ 거예요
오늘 비가 올까요?	어휘	사계절

A/V-(으)ㄹ까요?

문법 형태

A/V-(으)ㄹ까요?

받침 ○	먹을까요? / 좋을까요?
받침 ×	볼까요? / 피곤할까요?

N일까요?

N일까요?	저 사람은 학생일까요?

A/V-(으)ㄹ거예요 / N일 거예요

문법 형태

A/V-(으)ㄹ거예요

받침 ○	(아마) 먹을 거예요 / 기분이 좋을 거예요.
받침 ×	(아마) 볼 거예요 / 피곤할 거예요.
(과거) A/V-았 / 었 / 했을 거예요	바오 씨가 시험을 잘 봤을 거예요.

N일 거예요

N일 거예요	가 : 저 사람은 누구일까요? 나 : 아마 모델일 거예요.

가 : 오늘 비가 올까요?
나 : 아마 오늘은 비가 안 올 거예요. 주말에 비가 올 거예요.
가 : 정말로요? 어쩌죠?
나 : 왜요? 바오 씨, 무슨 일이 있어요?

- 사계절 : 봄, 여름, 가을, 겨울
- 눈사람, 비가 오다, 눈사람을 만들다, 눈싸움을 하다, 눈이 오다, 단풍을 구경하다, 소풍을 가다, 꽃이 피다, 해수욕장에 가다.

가 : 주말에 친구하고 같이 단풍을 구경하러 갈 거예요.
　　그런데 비가 오면 재미없을 거예요.
나 : 아니에요. 그래도 단풍 구경은 재미있을 거예요.
　　너무 걱정하지 마세요.
가 : 고마워요, 제니 씨. 제니 씨는 주말에 뭐 할 거예요?
나 : 저는 이번 주에 많이 피곤했어요. 그래서 집에서 쉴 거예요.

오늘 날씨가 좋을까요?
수업이 끝난 후에 배가 고플까요?
탕 씨가 음악을 들을까요?
유이 씨는 학생일까요?

아마 오늘 날씨가 좋을 거예요.
아마 배가 고플 거예요.
아마 음악을 들을 거예요.
연연 씨는 학생일 거예요.

◼ 〈보기〉와 같이 쓰세요.

> **보기**
>
> 가 : 내일도 날씨가 <u>좋을까요?</u>
>
> 나 : 네, 내일도 날씨가 좋을 거예요.

1. 가 : 아키 씨가 학교에 _____?

   나 : 네, 아마 올 거예요.

2. 가 : 어제 강릉도 _____?

   나 : 아니요, 아직 추울 거예요.

3. 가 : 주말에 날씨가 _____?

   나 : 아마 주말에 날씨가 좋을 거예요.

4. 가 : 주말에 따뜻할까요?

   나 : 봄이라서 아마 _____.

5. 가 : 이번에도 시험이 어려울까요?

   나 : 네, 이번에도 시험은 _____.

6. 가 : 저 사람은 누구예요?

   나 : 글쎄요. 아마 저 사람이 미나 씨의 남자친구_____.

7. 가 : 밤에 눈이 올까요?

   나 : 기온이 낮아서 아마 _____.

8. 가 : 내일 소풍을 갈 수 있을까요?

   나 : 날씨가 따뜻해서 _____.

39

날씨	문법	ㄹ불규칙
아마 오늘 바람이 많이 불 거예요.	어휘	ㄹ동사

ㄹ불규칙

문법 형태

살다 → 삽니다, 사세요, 살 거예요, 살까요?, 살고, 살지요?
길다 → 깁니다, 기세요, 길 거예요, 길까요?, 길고, 길지요?

가 : 바오 씨, 오늘 어디에 갈 거예요?
나 : 저는 오늘 친구하고 같이 단풍을 구경하러 갈 거예요.
가 : 아, 그래요? 어디에 가려고 해요?
나 : 남산에 가서 단풍을 구경할 거예요.
가 : 아마 오늘 바람이 많이 불 거예요. 옷을 따뜻하게 입고 가세요.
나 : 고마워요, 제니 씨.
　　 제니 씨는 한국의 단풍을 봤어요?
가 : 아니요. 저는 한국에서 3개월 동안 살았어요. 그래서 아직 못 봤어요.
나 : 그래요? 단풍은 어떨까요?
가 : 아마 아주 아름다울 거예요. 사진을 많이 찍고 재미있게 노세요.
나 : 네, 고마워요.

저는 한국에서 삽니다.
저는 다리가 길고 얼굴이 작아요.
놀이공원에서 놀 거예요?

■ ㄹ동사 : 살다, 놀다, 만들다, 불다

■ 〈보기〉와 같이 쓰세요.

보기

가 : 티셔츠가 마음에 <u>드세요</u>?

나 : 네, 마음에 들어요.

1. 가 : 보통 주말에 뭘 해요?
   나 : 학교 친구들하고 _____.

2. 가 : 날씨가 따뜻해서 자꾸 잠이 와요.
   나 : 맞아요. 수업시간에 학생들이 _____.

3. 가 : 뭐 하는 것을 좋아해요?
   나 : 저는 로봇을 _____는 것을 좋아해요.

4. 가 : 이 가방 어디에서 샀어요?
   나 : 동대문 시장에서 샀어요. 시장 근처에서 _____. 거기에 가 보세요.

5. 가 : 선생님은 어디에 _____?
   나 : 저는 종로구에 살아요.

6. 가 : 불고기를 _____?
   나 : 네, 저는 배웠어요. _____.

7. 가 : 사장님, 아키 씨를 _____?
   나 : 네, 잘 알고 있습니다.

8. 가 : 어제 롯데월드에서 재미있었어요?
   나 : 네, 롯데월드에서 _____ 후에 너무 피곤해서 집에서 바로 잤어요.

40

커피숍 / 식당	문법	-(으)ㄹ래요? / -(으)ㄹ래요
뭐 먹을래요?	어휘	커피숍

V-(으)ㄹ래요? / V-(으)ㄹ래요.

문법 형태

V-(으)ㄹ래요? / V-(으)ㄹ래요

받침 ○	먹을래요? / 먹을래요.
받침 ×	볼래요? / 볼래요.

다 : 어서오세요. 별 커피숍입니다.
가 : 제니 씨, 뭐 마실래요?
나 : 음...저는 아이스 아메리카노를 마실래요. 바오 씨는요?
가 : 아이스는 너무 춥지 않아요?
나 : 네, 그렇지만 저는 뜨거운 아메리카노는 별로 안 좋아해요.
가 : 저는 아이스를 별로 안 좋아해요. 저는 바닐라 라테를 마실래요.
　　 제니 씨 케이크도 먹을래요?
나 : 좋아요. 무슨 케이크를 먹을까요?
가 : 초코 케이크가 어때요?
나 : 저는 딸기 케이크가 먹고 싶은데....
가 : 그럼, 우리 초코 케이크하고 딸기 케이크 둘 다 먹을래요?
나 : 좋아요.
다 : 주문하시겠어요?
가 : 아메리카노 한 잔하고 바닐라 라떼, 그리고 초코 케이크, 딸기 케이크 주세요.
다 : 네, 알겠습니다. 잠시만 기다려 주세요.

뭐 먹을래요?
무슨 영화를 볼래요?
음악을 들을래요?
저는 케이크를 먹을래요.

▪ 커피숍 : 아메리카노, 바닐라 라테, (초코/딸기)케이크, 캐러멜 마키아토, 모카 초코, 핫초코

◼ 〈보기〉와 같이 쓰세요.

보기
가 : 뭐 먹을래요?
나 : 저는 김밥을 먹을래요.

1. 가 : 무슨 영화를 _____?
   나 : _____.

2. 가 : 어디에 _____?
   나 : _____.

3. 가 : 우리 어디에 여행갈까요?
   나 : 우리 _____.

4. 가 : 주말에 뭐 _____?
   나 : _____.

5. 가 : 내일 뭐 할까요?
   나 : 우리 같이 _____?

6. 가 : 지금 어디에 가요?
   나 : 한국 식당에 가요. 같이 _____.
   가 : 네, 좋아요. 같이 갑시다.

7. 가 : 어서오세요?
   나 : 아키 씨, 뭐 살래요?
   다 : 저는 _____.
   미나 씨는요?
   나 : _____.

8. 가 : 다음 주에 시험이에요. 같이 도서관에 _____?
   나 : 좋아요. 언제 _____?
   가 : 2시가 어때요?
   나 : 좋아요. 어디에서 _____?
   가 : 별 커피숍에서 _____?
   나 : 네, 좋아요. 내일 2시에 별 커피숍에서 봐요.

41

식당	문법	-(으)ㄹ까 해요
오늘은 학교 근처 식당에서 먹을까 해요.	어휘	착용 동사 Ⅰ

V-(으)ㄹ까 해요

문법 형태

V-(으)ㄹ까 해요

	-(으)ㄹ까 하다	-지 말까 하다
받침 ○	먹을까 해요	먹지 말까 하다
받침 ×	갈까 해요	가지 말까 하다

가 : 제니 씨, 수업 끝나고 뭐 해요?
나 : 친구들하고 같이 밥을 먹을 거예요.
가 : 그럼 오늘도 학교 식당에 가서 밥을 먹을 거예요?
나 : 아니요, 오늘은 학교 근처 식당에서 먹을까 해요.
가 : 웬일이에요? 보통 학교 식당에서 밥을 먹지 않아요?
나 : 네, 그런데 오늘 학교 식당이 공사를 해서 문을 열지 않아요.
가 : 아, 그래요? 저도 같이 가도 돼요?
　　오늘 반 친구들이 출입국 사무소에 가야 해서 혼자 밥을 먹어야 돼요.
나 : 네, 친구들에게 물어 볼게요. 아마 같이 갈 수 있을 거예요.

오늘은 학교 근처에서 밥을 먹을까 해요.
영화관 말고 집에서 영화를 볼까 해요.
오늘은 다른 가수의 음악을 들을까 해요.
오늘은 피곤해서 도서관에 가지 말까 해요.

■ 착용 동사 Ⅰ : (모자 / 우산)을 / 를 쓰다, (신발 / 구두 / 운동화 / 양말)을 / 를 신다, (옷 / 바지 / 티셔츠)을 / 를 입다

■ 〈보기〉와 같이 쓰세요.

보기

가 : 오늘 뭐 해요?

나 : 방이 너무 더러워서 청소를 할까 해요.

1.
   가 : 왜 비빔밥을 안 먹어요?

   나 : 어제 먹어서 오늘은 냉면을 _____.

2.
   가 : 밖에 나가서 먹을 거예요?

   나 : 아니요, 오늘 저녁은 집에서 만들어 _____.

3.
   가 : 다음 달에는 이 근처로 이사를 _____.

   나 : 그럼, 우리 하숙집으로 오세요.

4.
   가 : 이번 방학에 여행을 할 때 호텔에 가지 않_____.

   나 : 그럼, 게스트 하우스에 가 보세요.

5.
   가 : 이번 학기가 끝나면 고향에 _____.

   나 : 왜요? 무슨 일이 있어요?

6.
   가 : 오늘 뭐 입고 갈 거예요?

   나 : 오늘은 면접이 있으니까 양복을 _____.

7.
   가 : 어디에 갈 거예요?

   나 : 보통 집으로 가지만 오늘은 날씨가 좋으니까 공원에 _____.

8.
   가 : 오늘은 날씨가 더우니까 모자를 _____.

   나 : 네, 꼭 쓰고 나가세요.

42

일상생활 2	문법	-(으)면서, '르'불규칙
저는 노래를 들으면서 공부를 해요.	어휘	감정

V-(으)면서

문법 형태

V-(으)면서

받침 ○	먹으면서
받침 ×	보면서

'르' 동사

문법 형태

기본	-고	-으니까	-습니다	-아/어/해서	-아/어/해요	-았/었/했어요
빠르다	빠르고	빠르니까	빠릅니다	빨라서	빨라요	빨랐어요
다르다	다르고	다르니까	다릅니다	달라서	달라요	달랐어요
고르다	고르고	고르니까	고릅니다	골라서	골라요	골랐어요
부르다	부르고	부르니까	부릅니다	불러서	불러요	불렀어요
기르다	기르고	기르니까	기릅니다	길러서	길러요	길렀어요

가 : 제니 씨는 보통 기분이 좋으면 뭐 해요?
나 : 저는 노래를 부르면서 춤을 춰요.
가 : 아 그래요? 무슨 음악을 불러요?
나 : 저는 한국어는 잘 모르지만 한국 노래를 부르면서 춤을 춰요.
　　 바오 씨는 슬프면 뭐 해요?
가 : 저는 노래를 들으면서 공부를 해요.
나 : 어머, 정말로요? 무슨 노래를 들어요?
가 : 저는 정말 슬픈 노래를 들으면서 공부를 해요.
　　 그렇게 하면 나중에 기분이 좋아져요.
나 : 우린 정말 다른 것 같아요.

▪ 감정 : 웃다, 울다, 짜증을 내다, 화를 내다, 박수를 치다, 참다, 노래를 부르다, 춤을 추다, 수다를 떨다

책을 읽으면서 음악을 들어요.
춤을 추면서 노래를 불러요.
음악을 들으면서 밥을 먹어요.

말이 너무 빨라요.
다른 것도 한 번 골라 보세요.
짜증이 나서 좋아하는 가수의 노래를 불렀어요.

■ **〈보기〉와 같이 쓰세요.**

보기

가 : 기분이 좋아요. 뭐 해요? (노래 / 춤)

나 : 노래를 하면서 춤을 춰요.

1.
   가 : 아키 씨는 화가 많이 나면 어떻게 해요?(전화 / 수다를 떨다)
   나 : 전화를 _____.

2.
   가 : 어떻게 한국어를 공부했어요?
   나 : 저는 좋아하는 한국영화를 _____.

3.
   가 : 커피숍에 가서 이야기를 할까요? (걷다)
   나 : 날씨가 좋으니까 _____.

4.
   가 : 미나 씨는 보통 도서관에서 공부해요?(음악을 듣다)
   나 : 아니요, 집에서 _____.

5.
   가 : 뭘 타고 왔어요? (빠르다)
   나 : 지하철이 _____ 지하철을 타고 왔어요.

6.
   가 : 보통 주말에 뭐 해요? (노래를 부르다)
   나 : 저는 보통 운동을 하거나 _____.

7.
   가 : 이 문제의 답을 알아요? (모르다)
   나 : 미안해요. 저도 잘 _____.

8.
   가 : 진 씨 동생도 잘 웃어요? (다르다)
   나 : 아니요, 제 동생하고 저는 성격이 _____. 제 동생은 잘 웃지 않아요.

43		
일상생활 2	문법	-고 있다
공부를 하고 있어요.	어휘	공부

V-고 있다

문법 형태

V-고 있다

받침 ○	밥을 먹고 있다. / 밥을 먹고 있었어요.
받침 ×	영화를 보고 있다. / 영화를 보고 있었어요.

가 : 여보세요? 제니 씨, 지금 뭐 해요?
나 : 지금 공부를 하고 있어요. 왜요?
가 : 저는 지금 명동에 가고 있어요. 제니 씨, 시간이 있으면 명동에 오세요.
나 : 바오 씨, 미안해요. 내일 말하기 시험이 있어서 저는 지금 발음 연습을 하고 있어요.
가 : 내일 말하기 시험이 있어요?
나 : 네, 바오 씨. 내일 말하기 시험이 있어요.
가 : 몰랐어요. 그렇지만 저는 지금 명동에 가고 싶어요. 어떻게 하지요?
나 : 그럼 다녀온 후에 공부를 하세요. 단어도 외워야 돼요.
가 : 알겠어요. 제니 씨, 고마워요.

지금 밥을 먹고 있어요.
아키 씨는 지금 무엇을 하고 있어요?
음악을 듣고 있었어요.

▪ 공부 : 발음, 연습, 글씨, 단어, 외우다, 연습하다, 문제를 풀다

◼ 〈보기〉와 같이 쓰세요.

보기

가 : 지금 뭐 하세요?

나 : 저는 한국어를 <u>공부하고 있어요</u>.

1.
    가 : 미나 씨, 지금 뭐 해요?
    나 : 저는 감기에 걸려서 집에서 _____.

2.
    가 : 숙제를 다 했어요?
    나 : 아니요, 지금 _____.

3.
    가 : 왜 전화를 안 받았어요?
    나 : 음악을 _____.

4.
    가 : 지금 뭐 하고 있어요?
    나 : 친구하고 같이 공원에서 _____.

5.
    가 : 어제 오후 세 시에 뭐 했어요?
    나 : 영화관에서 _____.

6.
    가 : 여기에서 뭐 해요?
    나 : _____.

7.
    가 : 어제 저녁에 뭐 했어요?
    나 : 저는 어제 저녁에 _____.

8.
    가 : 지금 뭐 해요?
    나 : _____.

44

한국 생활	문법	-(으)ㄴ지-되다, -(으)ㄹ때
한국어를 배운 지 3개월이 되었어요.	어휘	생활

V-(으)ㄴ 지 (시간)이 / 가 되다

문법 형태

V-(으)ㄴ지 (시간)이/가 되다

받침 ○	밥을 먹은 지 (시간)이 / 가 되다.
받침 ×	공부를 한 지 (시간)이 / 가 되다.

V-(으)ㄹ때, N 때

문법 형태

V-(으)ㄹ때

받침 ○	밥을 먹을 때
받침 ×	영화를 볼 때

N 때

받침 ○	방학 때
받침 ×	초등학교 때

가 : 제니 씨, 한국 생활이 어때요?
나 : 물가가 좀 비싸지만 괜찮아요. 바오 씨는요?
가 : 저는 처음에 한국에 왔을 때 향수병이 있어서 고향에 가고 싶었어요.
　　 그런데 지금은 조금 괜찮아요.
나 : 바오 씨는 지금 원룸에서 살지요?
가 : 네, 그래서 한국 친구를 만나는 것이 너무 어려워요. 제니 씨는 어때요?
나 : 저는 하숙집에 살아서 한국 친구도 많고 외국인 친구들도 많아서 아주 재미있어요.
가 : 제니 씨는 한국어를 배운 지 얼마나 되었어요?
나 : 저는 한국어를 배운 지 3개월이 되었어요.
가 : 그런데 그렇게 한국어를 잘해요? 부러워요.

- 사는 곳 : 기숙사, 하숙집, 고시원, 원룸
- 생활 : 물가, 이해하다, 실력을 늘리다. 향수병

나 : 우리 하숙집으로 놀러 올래요? 제가 친구들을 소개해 줄게요.
가 : 정말로요? 언제 가면 돼요?
나 : 시간이 있을 때 오세요.

한국에 산 지 3개월이 되었어요.
한국 친구를 사귄 지 1년이 되었어요.
초등학교 때부터 한국어를 배웠어요.
저는 대학생 때 열심히 외국어 공부를 했어요.
한국에서는 밥을 먹을 때 어른이 먼저 드시고 난 후에 먹어야 해요.

◻ 〈보기〉와 같이 쓰세요.

보기

가 : 언제 한국에 왔어요?

나 : 한국에 <u>온 지</u> 세 달 되었어요

보기

가 : 시간이 <u>있을 때</u> 뭐 해요? (있다)

나 : 저는 시간이 <u>있을 때</u> 영화를 봐요.

1.
가 : 언제부터 한국어를 배웠어요?

나 : _____.

가 : 제니 씨에게 언제 전화가 왔어요? (쉬다)

나 : 집에서 _____.

2.
가 : 제니 씨를 자주 만나요?

나 : 아니요, _____ 오래되었어요.

가 : 학교에 _____ 뭐 타고 와요?

나 : 저는 버스를 타고 와요.

3.
가 : 서울에서 오래 살았지요?

나 : 네, _____ 10년 되었어요.

가 : 기분이 _____ 뭐 해요?

나 : 저는 음악을 들으면서 춤을 춰요.

4.
가 : 부모님께 자주 전화해요?

나 : 아니요, _____.

가 : 언제 부모님이 보고 싶어요?

나 : _____.

5.
가 : 민수 씨도 이 영화를 봤지요?

나 : 네, 그런데 _____ 오래되어서 생각이 잘 안 나요.

가 : 언제 운동을 해요?

나 : _____.

6.
가 : 지금 점심을 먹으러 갈래요?

나 : 저는 밥을 _____ 얼마 안 되어서 괜찮아요.

가 : _____ 뭐가 먹고 싶어요?

나 : 저는 삼계탕이 먹고 싶어요.

7.
가 : 언제부터 한국에서 살았어요?

나 : 한국에서 _____ 세 달 되었어요.

가 : 언제 고향이 생각이 나요?

나 : _____.

8.
가 : 음식 맛이 이상해요.

나 : 이상해요. 그 음식을 _____ 하루밖에 안 되었어요.

가 : 언제 책을 읽어요?

나 : _____.

45

한국 생활	문법	-아 / 어 / 해 지다, -게 되다
지금은 한국어를 잘하게 되었어요.	어휘	변화

A-아 / 어 / 해 지다

문법 형태

A-아/어/해 지다

ㅏ, ㅗ	맑다 좋다	맑+ -아지다 → 맑아지다 좋+ -아지다 → 좋아지다
ㅓ, ㅜ, ㅡ, ㅣ…	재미없다 크다	재미없+ -어지다 → 재미없어지다 크+ -어지다 → 커지다
○○하다	건강하다 → 건강해지다 따뜻하다 → 따뜻해지다	

V-게 되다

문법 형태

V-게 되다 (잘 / 자주 / 많이 / 잘 못 + V + 게 되다)

받침 ○	밥을 잘 먹게 되다
받침 X	좋아하게 되다

가 : 제니 씨는 처음부터 한국어를 잘했어요?
나 : 아니에요. 처음에는 한국어가 너무 어렵고 힘들었어요.
　　그런데 지금은 한국어를 잘하게 되었어요. 바오 씨는 한국 생활이 어때요?
가 : 저는 처음에 한국 음식 때문에 좀 힘들었어요.
나 : 음식이요? 왜요?
가 : 한국 음식이 너무 매워서 먹기 힘들었어요.
　　그런데 지금은 잘 먹게 되었어요.
나 : 맞아요. 음식이 조금 맵지요? 날씨는 어때요?
　　저는 한국에 왔을 때 날씨가 너무 추워서 감기도 걸리고 힘들었어요.
　　그런데 지금은 봄이 되어서 날씨가 따뜻해졌어요.
나 : 맞아요. 지금 날씨가 좋지요? 우리 내일 꽃 구경하러 공원에 갈까요?
가 : 뉴스를 봤어요. 오늘 저녁부터 날씨가 흐려져서 내일은 비가 올 거예요.

▪ 변화 : 없어지다, 많아지다, 익숙해지다, 생기다

어렸을 때는 작았는데 지금은 많이 커졌어요.
한국어를 잘 하게 되었어요.
한국생활을 오래 하면서 한국 친구를 많이 사귀게 되었어요.

◼ 〈보기〉와 같이 쓰세요.

보기
가 : 벌써 12월이에요.
나 : 네, 날씨가 많이 <u>추워졌어요</u>.

보기
가 : 매운 음식을 좋아해요?
나 : 아니요, 그런데 한국에 온 후에 <u>매운 음식을 좋아하게 되었어요</u>.

1.
가 : 학교 근처로 이사를 했어요?
나 : 네, 그래서 _____.

가 : 한국어를 잘하네요.
나 : 한국 친구들한테서 배웠어요. 그래서 _____.

2.
가 : 한국 친구가 많아요?
나 : 네, 대학교에 입학한 후에 _____.

가 : 제니 씨하고 자주 만나요?
나 : 아니요, 서로 바빠서 _____.

3.
가 : 한국어 시험은 잘 봤어요?
나 : 네, 한국어 성적이 _____.

가 : 바오 씨하고 타오 씨는 처음부터 친했어요?
나 : 아니요, 같은 반이 된 후에 _____.

4.
가 : 제인 씨, 뉴욕도 날씨가 추워요?
나 : 네. 예전보다 좀 _____.

가 : 한국 드라마를 잘 볼 수 있어요?
나 : 예전에는 전혀 이해를 못 했는데 이제는 조금 _____.

5.
가 : 담배를 많이 피우면 건강이 _____. 그러니까 많이 피우지 마세요.
나 : 네, 알겠어요.

가 : 제니 씨는 양복을 자주 입어요?
나 : 네, 학교에 다닐 때는 잘 안 입었는데 취직한 후에 _____.

6.
가 : 백화점에 사람이 많네요.
나 : 요즘 세일을 해서 손님이 _____.

가 : 한국 생활이 외롭지 않아요?
나 : 처음에는 아는 사람이 없어서 외로웠는데 지금은 여러 나라의 친구들을 _____.

7.
가 : 한국어 발음이 아주 _____. 어떻게 연습했어요?
나 : 한국어 책 CD를 듣고 열심히 연습했어요.

가 : 한국어 공부가 어렵지 않아요?
나 : 처음에는 발음이 어려워서 고생했는데 지금은 어려운 발음도 _____.

8.
가 : 요즘도 많이 추워요?
나 : 아니요, _____.

가 : 원래 요리를 잘 했어요?
나 : 아니요, 한국에서 요리를 자주 해서 _____.

46

기분 / 감정	문법	-는 것 같다, -(으)ㄴ것 같다
민수 씨는 기분이 좋은 것 같아요.	어휘	기분, 감정 Ⅰ

V-는 것 같다 (삭제/ A-(으)ㄴ 것 같다)

문법 형태

V-는 것 같다

		과거 -(으)ㄴ것 같다	현재 -는 것 같다	미래 -(으)ㄹ 것 같다
받침 ○	먹다	먹은 것 같아요	먹는 것 같아요	먹을 것 같아요
받침 ×	오다	온 것 같아요	오는 것 같아요	올 것 같아요
★	만들다 듣다	만든 것 같아요 들은 것 같아요	만드는 것 같아요 듣는 것 같아요	만들 것 같아요 들을 것 같아요

A-(으)ㄴ것 같다

문법 형태

A-(으)ㄴ것 같다

		경험한 후 -(으)ㄴ것 같다	경험하기 전 -(으)ㄹ것 같다
받침 ○	작다 춥다	작은 것 같아요 추운 것 같아요	작을 것 같아요 추울 것 같아요
받침 ×	크다	큰 것 같아요	클 것 같아요
★	재미있다 재미없다	재미있는 것 같아요 재미없는 것 같아요	재미있을 것 같아요 재미없을 것 같아요

가 : 오늘 민수 씨는 무슨 일이 있어요?
나 : 네? 왜요?
가 : 오늘 민수 씨는 기분이 좋은 것 같아요.
나 : 아마 시험을 잘 봐서 그럴 거예요.

■ 기분, 감정 Ⅰ : 기분이 좋다, 기분이 나쁘다, 슬프다, 행복하다, 마음이 아프다, 외롭다, 즐겁다, 섭섭하다, 짜증나다, 기쁘다, 부끄럽다, 화가 나다

가 : 그래요? 부럽네요.
나 : 바오 씨는 시험을 잘 못 본 것 같네요.
가 : 네, 시험을 못 봐서 화가 나고 짜증나요.
나 : 괜찮아요. 바오 씨, 제가 도와 줄게요. 우리 같이 매일 도서관에서 공부하는 게 어때요?
가 : 그럴까요? 고마워요.

밖에 비가 온 것 같아요.
밖에 비가 오는 것 같아요.
밖에 비가 올 것 같아요.
민수 씨의 여자 친구가 예쁜 것 같아요.
내일 날씨가 추울 것 같아요.

■ 〈보기〉와 같이 쓰세요.

보기
가 : 제니 씨가 요즘 안 보여요.
나 : 네, 제니 씨가 요즘 많이 <u>바쁜 것 같아요</u>.

1. 가 : 요즘 민수 씨가 공부를 열심히 _____.
   나 : 왜요?
   가 : 시험을 100점 받았어요.

2. 가 : 지난주에 바오 씨 생일이었어요?
   나 : 네, 그래서 지난주에 바오 씨가 생일 선물을 많이 _____.

3. 가 : 제니 씨는 매일 쇼핑을 해요.
   나 : 네, 제니 씨는 돈이 _____.

4. 가 : 바오 씨가 BTS콘서트 5번 중에 4번을 갔어요.
   나 : 바오 씨는 BTS를 많이 _____.

5. 가 : 민수 씨는 한국 친구가 많아요?
   나 : 네, 정말 친구가 _____.

6. 가 : 제니 씨 기분이 어때요?
   나 : 제니 씨가 _____.

7. 가 : 제인 씨가 준 씨하고만 매일 이야기해요.
   나 : 아마 제인 씨가 준 씨를 _____.

8. 가 : 바오 씨가 한국말을 잘 해요?
   나 : 네, 잘해요. 아마 한국 드라마를 자주 _____.

47

기분 / 감정	문법	-겠-
마음이 많이 아팠겠어요.	어휘	기분, 감정 II

A/V-겠-

문법 형태

A/V-겠-

받침 ○   좋겠어요.
         떨리겠어요.
받침 ×   피아노를 잘 치겠어요.

가 : 바오 씨, 무슨 일이 있어요? 기분이 안 좋은 것 같아요.
나 : 네, 고향에 있는 강아지가 죽어서 너무 슬퍼요.
가 : 마음이 많이 아팠겠어요. 강아지는 나이가 많았어요?
나 : 네, 우리집에서 같이 산 지 10년이 넘었어요.
    나이가 많아서 자주 아팠어요. 그래서 한국에 와서도 걱정되었어요.
가 : 너무 슬프겠어요. 지금은 아마 안 아플 거예요.
나 : 네, 그래서 다시 고향으로 갈까, 한국에 있을까, 고민되었지만 가지 않았어요.
가 : 네, 너무 슬퍼하지 마세요. 강아지는 좋은 곳으로 갔을 거예요.

시험을 잘 봐서 기분이 좋겠어요.
넘어져서 무릎이 아프겠어요.
배가 많이 고프겠어요.

▪ 기분, 감정 II : 긴장되다, 떨리다, 걱정되다, 고민되다

■ 〈보기〉와 같이 쓰세요.

보기

가 : 저 다음 달에 결혼해요.

나 : 와! 축하해요. 좋겠어요.

1.
가 : 강아지가 죽어서 너무 _____.

나 : 네, 너무 슬퍼요.

2.
가 : 사람들 앞에서 이야기할 때 _____.

나 : 네, 너무 긴장돼요.

3.
가 : 저 대학에 합격했어요. 너무 기뻐서 울었어요.

나 : 정말 축하해요. 진짜 _____.

4.
가 : 요즘 걱정이 많아요. 돈도 없고 취직도 못해서요.

나 : 제니 씨 정말 _____. 그래도 힘내세요.

5.
가 : 아침에 계단에서 넘어졌어요. 너무 창피했어요.

나 : 지금도 _____.

6.
가 : 비가 계속 오네요.

나 : 내일은 날씨가 더 _____.

7.
가 : 어제 친구를 한 시간동안 밖에서 기다렸어요.

나 : _____.

8.
가 : 시험에 아는 문제가 없었어요. 정말 열심히 공부했는데….

나 : 정말 _____.

48

외모 / 복장	문법	처럼
모델처럼 키가 커요.	어휘	외모, 옷

N처럼

문법 형태

N처럼

받침 ○	모델처럼
받침 ×	천사처럼

가 : 제니 씨는 가족이 몇 명이에요?
나 : 저는 부모님하고 오빠, 저, 남동생 모두 5명이에요.
가 : 오빠가 있어요? 오빠는 어때요?
나 : 오빠는 체격이 크고 어깨가 넓어요. 그리고 모델처럼 키가 커요.
　　 바오 씨는 가족이 몇 명이에요?
가 : 저는 부모님하고 형 두 명, 저, 남동생까지 모두 6명이에요.
나 : 형제들이 있으면 옷 걱정은 안 했겠네요.
가 : 아니에요. 형들은 체격이 작고 날씬한데, 저는 조금 뚱뚱해서 옷을 같이 입지 않았어요.
나 : 정말이요? 바오 씨도 날씬해요.
가 : 고마워요.

제 동생은 천사처럼 착해요.
바오 씨는 가수처럼 노래를 잘해요.
제니 씨는 모델처럼 키가 커요.

- 외모 : 체격이 크다 / 작다, 어깨가 넓다 / 좁다, 마르다, 날씬하다, 뚱뚱하다, 눈이 크다 / 작다, 얼굴이 동그랗다 / 네모나다, 잘생기다.
- 옷 : 바지(청바지, 반바지), 치마, 티셔츠, 블라우스, 스웨터, 조끼, 원피스, 카디건

◼ 〈보기〉와 같이 쓰세요.

보기

가 : 바오 씨 여자 친구는 예뻐요?

나 : 네, 인형처럼 아주 예뻐요.

보기

인형   농구 선수   수영 선수   한국 사람   모델   호랑이   천사   영화배우

1. 가 : 제니 씨는 _____ 다리가 길어서 좋지요?
   나 : 아니에요.

2. 가 : 나나미 씨는 정말 예쁜 것 같아요.
   나 : 맞아요. 나나미 씨는 _____ 예뻐요.

3. 가 : 한국말을 _____ 잘하시네요.
   나 : 아니에요. 아직 잘 못 해요

4. 가 : 김 선생님은 _____ 무서워요.
   나 : 처음에는 조금 무섭지만 나중에는 안 무서워요.

5. 가 : 바오 씨 동생은 _____ 키가 커요?
   나 : 네, 제 동생은 _____ 키가 커요.

6. 가 : 이거 어때요?
   나 : 그 모자를 쓰니까 _____ 멋있어요.

7. 가 : 안나 씨는 정말 _____ 착해요. 다른 사람들을 잘 도와줘요.
   나 : 맞아요.

8. 가 : 제니 씨 남동생은 어떻게 생겼어요?
   나 : 제 남동생은 아버지를 닮아서 _____ 어깨가 넓어요.

49

외모 / 복장	문법	ㅎ불규칙, -고 있다2
왕단 씨는 지금 파란 바지를 입고 있어요.	어휘	색, 착용동사 II

ㅎ불규칙

문법 형태

	-습니다	-아 / 어 / 해요	-고	-(으)ㄴ	-(으)니까
까맣다	까맣습니다	까매요	까맣고	까만	까마니까
하얗다	하얗습니다	하얘요	하얗고	하얀	하야니까
빨갛다	빨갛습니다	빨개요	빨갛고	빨간	빨가니까
파랗다	파랗습니다	파래요	파랗고	파란	파라니까

* 좋다 → 좋아요, 놓다 → 놓아요, 넣다 → 넣어요

V-고 있다 2

문법 형태

착용 V- 고 있다

받침 ○	바지를 입고 있다
받침 ×	모자를 쓰고 있다

가 : 제니 씨, 여기예요.
나 : 바오 씨, 미안해요. 오래 기다렸어요?
가 : 아니에요. 지금 방금 왔어요. 여기 앉으세요.
나 : 네, 고마워요. 그런데 왕단 씨는 왔어요?
가 : 아니요, 아직 안 왔어요. 제니 씨, 노란색 원피스가 정말 잘 어울리네요.
　　오늘 귀걸이도 하고 팔찌도 했네요.
나 : 부끄럽네요.
가 : 어머! 제니 씨, 얼굴이 빨개졌어요. 정말 예뻐요. 저기 왕단 씨예요.
나 : 왕단 씨가 어디에 있어요?

- 색깔 : 빨갛다, 파랗다, 노랗다, 하얗다
- 착용 동사 II : (넥타이, 스카프, 목도리)을 / 를 하다 / 매다, (시계, 팔찌)을 / 를 차다, (귀걸이, 목걸이)을 / 를 하다, (가방)을 / 를 메다

제49강 외모 / 복장

가 : 저기 문 앞에 있는 사람이에요. 왕단 씨는 지금 파란 바지를 입고 있어요. 그리고 까만색 가방을 메고 있어요.
나 : 아, 저기 있네요. 긴장돼요.
가 : 너무 긴장하지 마세요.

왕단 씨는 까만 티셔츠를 입고 있어요.
제니 씨는 노란 스카프를 하고 있어요.
딘 씨는 파란 가방을 메고 있어요.

■ <보기>와 같이 쓰세요.

보기
가 : 가을 하늘이 정말 예쁘지요?
나 : 네, 정말 <u>파래요</u>.

보기 파랗다 까맣다 빨갛다 하얗다 노랗다
　　　　동그랗다 이렇다 저렇다

보기
가 : 왕단 씨가 무엇을 입고 있어요?
나 : 지금 <u>파란색 바지를 입고 있어요.</u>

1. 가 : 얼굴이 많이 ＿＿＿＿＿＿＿＿.
　 나 : 네, 모자를 안 써서 그래요.

　 가 : 무슨 옷을 입었어요?
　 나 : 티셔츠를 ＿＿＿＿ 치마를 ＿＿＿＿.

2. 가 : 손님은 얼굴이 ＿＿＿＿ 파란색 옷이 잘 어울릴 거예요.
　 나 : 아니에요.

　 가 : 제니 씨가 누구예요?
　 나 : 저기 빨간색 원피스를 ＿＿＿＿ 사람이에요.

3. 가 : 무슨 가방을 살 거예요?
　 나 : 책이 들어 갈 수 있는 ＿＿＿ 가방을 사고 싶어요.

　 가 : 지금 어디예요?
　 나 : 저는 자판기 옆에 서 있어요.
　　　 지금 구두를 ＿＿＿＿
　　　 파란색 가방을 ＿＿＿＿.

4. 가 : 결혼식에 갈 건데 무슨 옷을 입어야 돼요?
　 나 : ＿＿＿＿ 옷만 아니면 다 괜찮아요.

　 가 : 시계를 ＿＿＿＿네요.
　 나 : 네, 생일에 선물받았어요.

5. 가 : 유채꽃을 봤어요? 정말 예쁘지요?
　 나 : 네, ＿＿＿＿ 예뻤어요.

　 가 : 너무 추워요.
　 나 : 그럼 이 목도리를 ＿＿＿＿＿＿.

6. 가 : 바오 씨는 얼굴이 귀여운 것 같아요.
　 나 : 저는 얼굴이 너무 ＿＿＿＿ 싫어요.

　 가 : 비가 오는 것 같아요. 사람들이 우산을 ＿＿＿＿＿＿.
　 나 : 네, 지금 비가 와요. 우산이 있어요?

7. 가 : 유미 씨, 얼굴이 ＿＿＿＿＿＿＿.
　 나 : 네, 너무 부끄러워서 그래요.

　 가 : 오늘 소개팅이 있어요.
　 나 : 그럼, 이 치마를 ＿＿＿＿ 여기 있는
　　　 목걸이를 ＿＿＿＿.

50

안부 / 근황	문법	–는데1
처음에는 잘 못 먹었는데 지금은 잘 먹게 되었어요.	어휘	안부

V–는데 1

문법 형태

V–는데, V–았 / 었 / 했는데

| 받침 ○ | 먹는데 |
| 받침 × | 보는데 |

–았–	봤는데
–었–	먹었는데
–했–	공부했는데

A–(으)ㄴ데, A–았 / 었 / 했는데

| 받침 ○ | 작은데 |
| 받침 × | 큰데 |

–았–	작았는데
–었–	적었는데
–했–	착했는데

N(인)데, N이었 / 였는데

| 받침 ○ | 선생님인데 | 선생님이었는데 |
| 받침 × | 의사인데 | 의사였는데 |

가 : 어머! 안 씨, 오랜만이에요.
나 : 어! 민수 씨, 잘 지냈어요?
가 : 조금 바빴는데 지금은 괜찮아졌어요. 안 씨는요?
나 : 저도 잘 지내요. 요즘 한국 생활 어때요? 아직도 매운 음식을 못 먹어요?
가 : 아니에요. 처음에는 잘 못 먹었는데 지금은 잘 먹게 되었어요.
　　 안 씨는 어떻게 지내요?
나 : 저는 지금 한국 회사에 취직해서 좀 정신이 없어요.
　　 그리고 다음 달에 결혼을 할 거예요.
가 : 축하해요. 어떻게 만났어요?
나 : 만난 지 2년이 조금 넘었어요.
　　 그래서 결혼준비 때문에 조금 정신이 없는데 행복해요.
가 : 축하해요. 꼭 갈게요.

▪ 안부 : 잘 지내다, 바쁘다, 별일 없다, 정신이 없다, 한가하다, 그저 그렇다

동생을 키가 큰데 저는 키가 작아요.
처음 한국에 왔을 때 한국어를 잘 못했는데 지금은 잘해요.
떡볶이는 매운데 맛있어요.

■ 〈보기〉와 같이 쓰세요.

보기

가 : 한국어 공부가 어때요?

나 : 조금 어려운데 재미있어요.

1. 가 : 이 옷을 살 거예요?
   나 : 옷이 너무 (비싸다) _____ 다음에 살까요?

2. 가 : 린 씨 동생은 어때요?
   나 : 제 동생은 키가 (작다) _____ 농구를 잘해요.

3. 가 : 이번 방학에 어디에 가고 싶어요?
   나 : 제주도에 _____ (가다) 비행기표 예약을 아직 못 했어요.

4. 가 : 저 사람은 배우예요?
   나 : 네, _____ 연기를 잘 못해요.

5. 가 : 어제 바오 씨한테 전화했어요?
   나 : 네, _____ 전화를 안 받았어요.

6. 가 : 게임을 자주 해요?
   나 : 네, _____ 잘 못해요.

7. 가 : 떡볶이를 좋아해요?
   나 : 네, _____ 매워서 자주 못 먹어요.

8. 가 : 저 사람 가수지요?
   나 : 네, _____ 노래를 잘 못해요.

51

안부 / 근황	문법	-는데2
영화표가 2장 있는데 같이 영화보러 갈까요?	어휘	근황

-는데 2 (배경, 설명)

문법 형태

V-는데, V-았/었/했는데

받침 ○	먹는데	-았-	봤는데
		-었-	먹었는데
받침 ×	보는데	-했-	공부했는데

A-(으)ㄴ데, A-았/었/했는데

받침 ○	작은데	-았-	작았는데
		-었-	적었는데
받침 ×	큰데	-했-	착했는데

N (인)데, N이었/였는데

받침 ○	선생님인데	선생님이었는데
받침 ×	의사인데	의사였는데

가 : 린 씨, 내일 시간이 있어요?
나 : 네, 왜요?
가 : 영화표가 2장 있는데 내일 같이 영화보러 갈래요?
나 : 네, 좋아요. 무슨 영화를 볼까요?
가 : '겨울 이야기' 어때요? 인기가 많은 것 같은데요.
나 : 네, 좋아요. 내일 오전에는 일이 있는데 오후가 어때요?
가 : 네, 오후에도 괜찮아요.
　　　학교 앞은 조금 복잡한데 영화관 앞에서 만나는 게 어때요?
나 : 네, 좋아요. 영화가 몇 시에 시작이에요?
가 : '겨울 이야기'는 오후 4시하고 오후 6시에 있어요.
나 : 그럼 점심을 먹고 오후 4시 영화를 볼까요?

■ 근황 : 학교에 입학하다, 학교를 휴학하다, 학교를 졸업하다, 회사에 취직하다, 남자 / 여자 친구가 생기다

가 : 네, 좋아요. 영화관 근처에 불고기 맛집이 있는데 거기에 갈래요?
나 : 저도 불고기를 좋아해요. 그럼 내일 만나요.

백화점에서 세일을 하는데 같이 갈까요?
김밥을 먹었는데 정말 맛있었어요!
옷을 샀는데 작았어요.

■ 〈보기〉와 같이 쓰세요.

보기

가 : 영화표가 두 장 있는데 같이 영화를 볼까요?

나 : 네, 저도 영화를 좋아하는데 같이 가요.

1. 가 : (도서관에 가다) _____ 같이 갈래요?

   나 : 네, 좋아요. 저도 도서관에서 책을 빌릴 거예요.

2. 가 : (지금 요리를 하다) _____ 저녁을 안 먹었으면 같이 먹을래요?

   나 : 미안해요. 방금 먹고 왔어요.

3. 가 : (휴대폰을 안 가지고 왔다) _____ 빌려줄 수 있어요?

   나 : 네, 여기 있어요.

4. 가 : (내일이 시험이다) _____ 도와줄 수 있어요?

   나 : 그럼요, 같이 도서관에 가요.

5. 가 : (이사하다) 내일 _____ 도와줄 수 있어요?

   나 : 미안해요. 내일은 시간이 없어요.

6. 가 : (다음 달에 결혼하다) 저 _____ 올 수 있어요?

   나 : 물론이죠. 언제해요?

7. 가 : (지금 너무 바쁘다) _____ 혹시 내일 이야기해도 될까요?

   나 : 네, 내일 이야기해요.

8. 가 : (아직 퇴근 준비가 안 되었다) _____ 잠깐만 기다려 주세요.

   나 : 네, 엘리베이터 앞에서 기다릴게요.

52

여행 2	문법	별로 -지 않다
별로 예쁘지 않아요.	어휘	여행

별로 A/V- 지 않다

문법 형태

별로 A/V-지 않다

받침 ○	별로 힘들지 않아요 별로 예쁘지 않아요
받침 ×	별로 잘 읽지 않아요

* 별로 A/V-지 않다, 별로 A/V-지 못하다
* 별로 (많이, 자주, 잘, 열심히) + V
* 많지 않다 = 별로 없다

(북한산)

가 : 거의 다 왔어요. 민수 씨, 힘내요.
나 : 너무 힘들어요. 제니 씨는 괜찮아요?
가 : 네, 저는 별로 힘들지 않아요. 민수 씨. 조금 쉬는 게 어때요?
나 : 네, 그런데 저는 못 갈 것 같아요. 제니 씨 혼자 가세요.
가 : 아니에요. 같이 가요. 정상에 가면 풍경이 정말 예쁠 거예요.
나 : 저는 여기도 예뻐요.
가 : 여기는 별로 예쁘지 않아요. 조금만 힘내서 올라가요.

(정상)

나 : 우와! 정말 예뻐요. 꽃도 다 보이고 아름다워요.
가 : 정말이네요. 같이 올라와서 다행이에요.

한국어가 별로 어렵지 않아요.
김치가 별로 맵지 않아요.
한국 친구가 별로 없어요.

■ 여행 어휘 Ⅱ : -박 -일, 숙박비, 교통비, 식비, 입장료, 포함되다, 별도이다

◼ 〈보기〉와 같이 쓰세요.

보기

가 : 이 옷을 입는 게 어때요?

나 : 아니요, 옷이 별로 예쁘지 않아요.

1. 가 : 어제 본 영화 많이 슬퍼요?
   나 : 아니요, _____.

2. 가 : 바오 씨는 지난 학기에 성적이 좋았어요?
   나 : 아니요, _____.

3. 가 : 제니 씨도 음악을 듣는 것을 좋아하지요?
   나 : 아니요, 저는 음악 듣는 것을 _____.

4. 가 : 그 동안 부모님을 못 봐서 많이 외로웠지요?
   나 : 아니요, 친구들이 많아서 _____.

5. 가 : 오늘 발표가 있어서 긴장되지요?
   나 : 아니요, _____.

6. 가 : 이 가방이 _____?
   나 : 아니요, _____.

7. 가 : 시험을 못 봐서 속상해요?
   나 : 아니요, _____.

8. 가 : 오늘 친구하고 _____?
   나 : _____.

53

여행 2	문법	-아 / 어 있다
꽃이 많이 피어 있어서 아주 아름다웠어요.	어휘	상태 동사

V-아 / 어 있다

문법 형태

V-아/어 있다

ㅏ, ㅗ	앉다	앉+ -아 있다 → 앉아 있다
ㅓ, ㅜ, ㅡ, ㅣ…	피다	피+ -어 있다 → 피어 있다
	들다	들+ -어 있다 → 들어 있다

가 : 제니 씨, 어제 민수 씨하고 같이 북한산에 다녀왔어요?
나 : 네, 어제 북한산에 갔다 왔어요.
가 : 어땠어요?
나 : 꽃이 많이 피어 있어서 아주 아름다웠어요.
　　한국의 봄은 정말 아름다운 것 같아요.
가 : 그래요? 저도 가고 싶네요.
나 : 벚꽃이 피어 있을 때 한번 꼭 가 보세요.
　　정말 좋을 거예요.
가 : 네, 그래야겠어요. 어? 제니 씨, 제 휴대폰을 못 봤어요?
나 : 아까 바오 씨가 가방에 넣었어요. 제가 봤어요. 가방에 들어 있을 거예요.
가 : 아, 찾았어요. 고마워요. 요즘 자주 깜빡 잊어요.

컴퓨터가 켜져 있어요.
창문이 열려 있어서 제가 닫았어요.
계속 서 있으면 힘드니까 여기 앉으세요.

▫ 상태 동사 : 피다, 들다, 붙다, 떨어지다, 앉다, 서다, 열리다, 닫히다, 놓이다, 걸리다, 켜지다, 꺼지다

■〈보기〉와 같이 쓰세요.

보기

가 : 한라산이 어땠어요?

나 : <u>꽃이 피어 있어서</u> 아주 아름다웠어요.

1. 가 : 박물관 구경을 잘 했어요?

   나 : 박물관 문이 _____ 그냥 왔어요.

2. 가 : 놀이 공원에 잘 다녀왔어요?

   나 : 사람이 너무 많아서 계속 _____ 너무 피곤했어요.

3. 가 : 누가 민수 씨예요?

   나 : 저기 의자에 _____ 사람이에요.

4. 가 : 제니 씨가 집에 들어왔어요?

   나 : 네, 방에 불이 _____.

5. 가 : 바오 씨 모자가 어디에 있어요?

   나 : 저기에 _____.

6. 가 : 너무 추워요.

   나 : 창문이 _____ 그럴 거예요.

7. 가 : 지갑이 없어졌어요. 어쩌지요?

   나 : 아마 가방에 _____.

8. 가 : 휴대폰이 어디 있었어요?

   나 : 책상 위에 _____.

54

명절	문법	-기로 하다
친구 집에 가기로 했어요.	어휘	계획 어휘 II

V-기로 하다, V-지 않기로 하다/ 안 V-기로 하다

문법 형태

V-기로 하다

받침 ○	먹기로 했어요
받침 ×	보기로 했어요

V-지 않기로 하다/ 안 V-기로 하다

	V-지 않기로 하다	안 V-기로 하다
받침 ○	먹지 않기로 하다	안 먹기로 하다
받침 ×	보지 않기로 하다	안 보기로 하다

가 : 제니 씨, 명절에 뭐 할 거예요?
나 : 전 고향에 갈 거예요. 한국에 온 후에 한 번도 고향에 안 가서요.
　　가족들도 보고 싶고 친구들도 보고 싶어요.
가 : 맞아요. 저도 그래요.
나 : 바오 씨는 명절에 뭐 할 거예요?
가 : 저는 친구 집에 가기로 했어요. 한국 친구 집이 처음이라서 좀 긴장돼요.
나 : 친구 집에 가서 뭐 할 거예요?
가 : 아마 떡국을 먹을 것 같아요. 그리고 한국 전통 놀이를 해보기로 했어요.
나 : 부러워요. 즐거운 명절 보내세요.
가 : 제니 씨도 즐거운 명절 보내세요.

이번 주에 친구를 만나서 같이 밥을 먹기로 했어요.
남자친구와 내년에 결혼하기로 했어요.
이번 방학에 중국으로 배낭여행을 가기로 했어요.

▫ 계획 어휘 II : 결혼하다, 이사하다, 유학을 가다, 회사를 그만두다

■ 〈보기〉와 같이 쓰세요.

보기

가 : 앞으로 한국 생활을 어떻게 보내고 싶어요?

나 : 한국을 더 많이 알고 싶어서 <u>한국 친구를 많이 사귀기로 했어요</u>.

1. 가 : 이번 학기가 끝나면 고향에 갈 거지요?

   나 : 아니요, 영어를 공부하려고 영국에 _____.

2. 가 : 한국어능력시험에 합격하고 싶어서 열심히 _____.

   나 : 열심히 공부하면 꼭 합격할 거예요.

3. 가 : 다음 주부터 _____.

   나 : 저도 운동하려고 하는데 같이 할래요?

4. 가 : 방학 때 뭐 할 거예요?

   나 : 저는 예전부터 제주도에 가고 싶었어요.
   이번 방학 때 _____.

5. 가 : 한국 요리를 배울 거예요?

   나 : 네, 다음 주부터 한국 요리 학원에 _____.

6. 가 : 한국어 공부하는 것이 어렵지 않아요?

   나 : 그래서 친구하고 같이 발음 공부를 더 열심히 _____.

7. 가 : 태권도를 알아요?

   나 : 네, 알아요. 그래서 이번 달부터 태권도를 _____.

8. 가 : 앞으로 한국 생활을 어떻게 하고 싶어요?

   나 : _____.

55		
명절	문법	-(으)ㄴ 적이 있다 / 없다
떡국을 먹은 적이 없어요.	어휘	한국 문화 어휘

V-(으)ㄴ 적이 있다 / 없다

문법 형태

V- (으)ㄴ 적이 있다 / 없다

받침 ○	먹은 적이 있다 / 없다
받침 ×	본 적이 있다 / 없다

가 : 바오 씨, 어서오세요.
나 : 안녕하세요? 저는 바오라고 합니다. 베트남에서 왔어요.
다 : 네, 어서와요. 한국 사람 집은 처음이지요?
나 : 네, 처음이에요. 그리고 이거.
가 : 어머, 이게 뭐예요?
나 : 휴지와 세제예요. 한국에서는 친구 집에 갈 때 휴지와 세제를 선물하는 것이지요? 그래서 가지고 왔어요.
가 : 네, 고마워요. 잘 쓸게요. 여기 앉으세요.

다 : 맛있게 드세요.
나 : 이게 뭐예요?
가 : 떡국이에요. 혹시 바오 씨는 떡국을 먹은 적이 있어요?
나 : 아니요, 저는 한국에 와서 떡국을 먹은 적이 없어요.
가 : 한번 먹어 보세요. 맛있을 거예요.
나 : 네, 잘 먹겠습니다.

저는 태권도를 배운 적이 없어요.
저는 미역국을 만든 적이 있어요.
저는 한국 친구를 사귄 적이 있어요.

▪ 한국 문화 어휘 : 아리랑, 경복궁, 태권도, 추석, 설, 떡국, 미역국

◼ 〈보기〉와 같이 쓰세요.

보기

가 : 한라산에 가 봤어요?

나 : 네, <u>한라산에 가 본 적이 있어요</u>.

1. 가 : 제주도에 가 봤어요?

   나 : 네, _____.

2. 가 : 태국 요리를 먹어 봤어요?

   나 : 아니요, _____.

3. 가 : 게스트하우스에서 자는 것이 처음이에요?

   나 : 네, _____.

4. 가 : 학생 할인을 받아 봤어요?

   나 : 네, _____.

5. 가 : 제니 씨도 이 책을 읽었어요?

   나 : 아니요, _____.

6. 가 : 전에도 한국어를 _____?

   나 : 네, 1년 전에 혼자서 한국어를 공부했어요.

7. 가 : 아리랑을 들어 봤어요?

   나 : 네, _____.

8. 가 : _____?

   나 : 네 / 아니요, _____.

56

치료	문법	-아 / 어 해야 되다
소독을 해야 돼요.	어휘	상처, 치료 Ⅰ

V-아 / 어 / 해야 되다 (하다)

문법 형태

ㅏ, ㅗ	맞다 감다	맞 + -아야 되다 → 맞아야 되다 감 + -아야 되다 → 감아야 되다
ㅓ, ㅜ, ㅡ, ㅣ…	붙이다 바르다	붙이 + -어야 되다 → 붙여야 되다 바르 + -어야 되다 → 발라야 되다
○○하다		공부하다 → 공부해야 되다 청소하다 → 청소해야 되다

가 : 바오 씨, 왜 이렇게 늦었어요?
나 : 미안해요. 여기 올 때 계단에서 넘어졌어요. 그래서 발목을 좀 삐었어요.
가 : 괜찮아요? 다른 곳은 괜찮아요?
나 : 네, 그런데 상처가 난 것 같아요.
가 : 어디 봐요. 어머. 피가 나요.
나 : 아! 아파요.
가 : 소독을 해야 돼요. 잠깐만 기다리세요. 제가 약국에 다녀올게요.
나 : 고마워요. 저는 여기에서 기다릴게요.
가 : 네, 조금만 기다리세요.

한국 대학교를 가려면 한국어 공부를 열심히 해야 돼요.
다이어트를 하려면 운동을 열심히 해야 돼요.
배가 아프면 병원에 가야 해요.

▪ 상처 : 다치다, 손을 베다, 손을 데다, 손이 붓다, 발목을 삐다, 상처가 나다, 피가 나다
▪ 치료 Ⅰ : 주사를 맞다, 소독을 하다, 약을 바르다, 밴드 / 반창고를 붙이다

■ 〈보기〉와 같이 쓰세요.

보기

가 : 내일 시험이에요.

나 : 시험 공부를 해야 돼요.

1.
   가 : 피부가 너무 가려워요.
   나 : 만지지 말고 _____. (연고를 바르다)

2.
   가 : 발목을 삐었어요.
   나 : 그럼, _____. (찜질을 하다)

3.
   가 : 여기 상처가 났어요.
   나 : 그럼 약을 바르고 _____. (밴드를 붙이다)

4.
   가 : 다리가 왜 그래요? 다쳤어요?
   나 : 네. 아까 계단에서 넘어졌어요. 다리가 부러진 것 같아요.
   가 : 그럼, _____. (깁스를 하다)

5.
   가 : 어떻게 오셨어요?
   나 : 감기에 걸렸어요. 목이 너무 아파요.
   가 : 그럼 _____. 그리고 집에 가서 푹 쉬세요. (주사를 맞다)

6.
   가 : 결혼을 하려고 해요.
   나 : 그럼, _____.

7.
   가 : 다이어트를 하려고 해요.
   나 : 그럼, _____.

8.
   가 : 해외 여행을 가려고 해요.
   나 : 그럼, _____.

57

치료	문법	-(으)ㄹ테니까
제가 약을 발라 줄테니까 조금만 기다리세요.	어휘	상처, 치료 Ⅱ

V-(으)ㄹ테니까

문법 형태

V-(으)ㄹ테니까

받침 ○	먹을테니까
받침 ×	소독을 할테니까

* V-(으)ㄹ테니까 + -(으)세요 / -(으)ㅂ시다 / -(으)ㄹ까요? / -(으)ㄹ래요?

가 : 바오 씨, 지금 소독약과 연고를 사 왔어요.
나 : 고마워요.
가 : 제가 약을 발라줄 테니까 잠깐만 기다리세요.
나 : 네. 조금 따가워요.
가 : 자 이제 밴드만 붙이면 돼요.
나 : 고마워요. 이제 좀 괜찮아요.
가 : 걸을 수 있어요?
나 : 네. 조금씩 걸을 수 있어요. 미안해요.
가 : 아니에요. 우리 무리하지 말고 커피숍으로 가서 이야기를 해요.
나 : 네. 그게 좋겠어요.
가 : 병원에 안 가도 괜찮아요? 병원에 가는 게 좋을 것 같아요.
나 : 내일 꼭 병원에 갈게요.

제가 청소를 할 테니까 제니 씨가 설거지를 할래요?
제가 한국어를 가르쳐 줄 테니까 왕단 씨는 저에게 중국어를 가르쳐 주세요.
여기에서 기다릴 테니까 빨리 오세요.

▪ 상처 : 여드름이 나다, 피부가 가렵다, 따갑다, 다리가 부러지다
▪ 치료 Ⅱ : 붕대를 감다, 깁스를 하다, 파스를 붙이다, 찜질을 하다

■ 〈보기〉와 같이 쓰세요.

보기

가 : 손을 베였어요.

나 : 제가 <u>약을 발라 줄 테니까</u> 조금만 기다리세요.

1. 가 : 허리가 계속 아파요.

   나 : 제가 파스를 _____ 파스를 가지고 오세요.

2. 가 : 부딪쳤어요.

   나 : 제가 약을 _____ 약을 가지고 오세요.

3. 가 : 넘어져서 다리에서 피가 나요.

   나 : 제가 약국에 가서 _____ 잠깐만 기다리세요.

4. 가 : 피부가 가려워요.

   나 : 제가 연고를 _____ 깨끗하게 씻고 오세요.

5. 가 : 칼에 손을 베였어요.

   나 : _____ 자주 바르세요.

6. 가 : 이 짐들은 제가 _____ 제니 씨는 저걸 드세요.

   나 : 이게 더 무거우니까 제가 이걸 들게요.

7. 가 : 제가 케이크를 _____ 바오 씨는 초를 사세요.

   나 : 네, 알겠어요.

8. 가 : 제가 요리를 _____ 제니 씨는 이것 좀 씻어 주세요.

   나 : 이것만 씻으면 돼요?

58

교통	문법	-지 말고 -(으)세요
길을 건너지 말고 기다리세요.	어휘	교통 Ⅰ

V-지 말고 -(으)세요

문법 형태

V-지 말고 -(으)세요

- 받침 ○   책을 읽지 말고 음악을 들으세요.
- 받침 ×   텔레비전을 보지 말고 공부하세요.

* V-지 말고 +(으)세요 / -지 그래요? / -는 게 어때요? / -(으)ㅂ시다 / -(으)ㄹ까요?
* N 말고 N

가 : 여보세요? 제니 씨. 저 지금 도착했어요.
나 : 바오 씨, 저 지금 지하철에서 내렸어요. 이제 올라갈게요.
가 : 왕단 씨 집은 어떻게 가야 돼요?
나 : 지하철에서 내려서 나간 후에 골목으로 들어가면 있어요.
     길을 건너지 말고 기다리세요.
가 : 네, 알겠어요. 기다릴게요.
나 : 그런데 우리 뭐 사가야 할까요?
가 : 세제와 휴지를 사가지고 갈까요? 한국에서는 그렇다고 해요.
나 : 네, 그럼 같이 만나서 사서 가요.
가 : 네, 빨리 오세요.

게임을 하지 말고 공부를 하세요.
영화를 보지 말고 공원에 가는 게 어때요?
김밥 말고 돈가스를 먹읍시다.

■ 교통 Ⅰ : 지하철, 버스, 고속버스, 공항버스, 비행기, 기차, 배, 오토바이, 자전거, 내리다, 갈아타다, 0번(버스), (지하철) 0호선

■ 〈보기〉와 같이 쓰세요.

보기

가 : 지금 뭐 해야 돼요?

나 : (놀다 / 공부하다) 내일 시험이 있으니까 <u>놀지 말고 공부하세요</u>.

1. 가 : 저는 지금 도착했어요. 왕단 씨, 어디에 있어요?

   나 : 제가 갈게요. (움직이다 / 기다리다) _____.

2. 가 : 배가 너무 아파요.

   나 : 그럼, (밥을 먹다 / 죽을 먹다) _____.

3. 가 : 감기에 걸린 것 같아요.

   나 : (일을 하다 / 푹 쉬다) _____.

4. 가 : 지금 출발했어요. 어디로 갈까요?

   나 : 시청역으로 오세요. (버스를 타다 / 지하철을 타고 오다) _____.

5. 가 : 잠실에 가고 싶어요. 어떻게 가야 돼요?

   나 : (여기에서 갈아타다 / 홍대입구역에서 갈아타다) _____.

6. 가 : 속초에 가려고 해요. 어떻게 가야 돼요?

   나 : (기차를 타다 / 고속버스를 타고 가다) _____.

7. 가 : 제주도에 어떻게 가야 돼요?

   나 : _____.

8. 가 : 배탈이 난 것 같아요. 배가 너무 아파요.

   나 : _____.

59		
교통	문법	-다가
똑바로 가다가 왼쪽으로 가세요.	어휘	교통 II

V-다가

문법 형태

V-다가

받침 ○	먹다가
받침 ×	보다가

가 : 제니 씨, 여기에요.
나 : 오래 기다렸지요? 우선 마트부터 가요.
가 : 네, 알겠어요. 마트는 어디에 있어요?
나 : 길을 건너야 돼요. 그리고 똑바로 가다가 왼쪽으로 가면 돼요.
가 : 네. 같이 가요. 왕단 씨 집에 가 봤어요?
나 : 아니요, 저도 가 본 적이 없어요.
가 : 그래요? 그럼 어떻게 알아요?
나 : 어제 밥 먹다가 전화가 왔어요. 그래서 그때 물어봤어요.
가 : 어서 갑시다. 아마 왕단 씨가 기다릴 거예요.

2호선을 타고 가다가 을지로 3가에서 3호선으로 갈아타세요.
밥을 먹다가 친구의 전화를 받았어요.
요리를 하다가 칼에 손을 베었어요.

▫ 교통 II : 공항, 지하철역, 버스 정류장, 역, 출발하다, 도착하다

■〈보기〉와 같이 쓰세요.

보기

가 : 왜 늦었어요?

나 : 학교에 오다가 친구를 만났어요. (학교에 오다 / 친구를 만나다)

1. 가 : 왜 숙제를 안 했어요?
   나 : 어제 _____. (숙제를 하다 / 잠이 들다)

2. 가 : 지금 뭐 해요?
   나 : 저는 _____. (밥을 먹다 / 전화를 받다)

3. 가 : 김치찌개는 어떻게 만들어요?
   나 : _____. (김치를 볶다 / 물을 넣고 끓이다)

4. 가 : 은행이 어디에 있어요?
   나 : _____. (똑바로 가다 / 오른쪽으로 가다)

5. 가 : 제니 씨하고 언제 만났어요?
   나 : 아까 _____. (도서관에서 공부하다 / 만나다)

6. 가 : 어제 공부를 많이 했어요?
   나 : 아니요, _____. (공부하다 / TV를 보다)

7. 가 : 민수 씨가 어디에 갔어요?
   나 : _____. (이야기하다 / 화장실에 가다)

8. 가 : 집이 어디에 있어요?
   나 : _____.

60

취미 2	문법	-는지 알다 / 모르다
저는 모형자동차를 어떻게 만드는지 몰라요.	어휘	취미 어휘 II

A/V-는지 알다 / 모르다

문법 형태

A/V-(으)ㄴ/ 는지 알다/ 모르다

A	얼마나 예쁜지 알다 / 모르다
V	어떻게 먹는지 알다 / 모르다 무엇을 하는지 알다 / 모르다

* 언제 / 어디 / 무엇 / 어떻게 + A/V-는지 알다 / 모르다, 누가 ...+N인지 알다 / 모르다
* 언제 / 어디 / 누구(누가) / 무엇 / 어떻게 / 왜 / 얼마나 / 어느 N / 무슨 N / 몇 N / 어떤 N +
* 의문사 +인지 : 누구인지, 무엇인지

가 : 제니 씨, 취미가 뭐예요?
나 : 제 취미는 우표수집이에요. 바오 씨는 취미가 뭐예요?
가 : 제 취미는 모형 자동차를 만드는 것이에요.
나 : 모형 자동차요?
가 : 네, 제니 씨는 모형 자동차를 만들어 봤어요?
나 : 아니요, 저는 모형 자동차를 어떻게 만드는지 몰라요. 한 번도 안 만들어 봤어요. 어떻게 만들어요?
가 : 집에 있으니까 다음에 보여 줄게요.
나 : 모형 자동차 하나를 만드는 데 시간이 얼마나 걸려요?
가 : 작은 것은 1~2시간, 큰 것은 5시간 정도 걸려요.
나 : 그래요? 재미있겠어요.
가 : 다음에 제가 학교에 가지고 올게요. 같이 만들어 봐요.

누가 선생님인지 몰랐어요.
한국어가 얼마나 재미있는지 알아요?
친구를 어디에서 만나기로 했는지 몰라요.

■ 취미 II : 모형 자동차를 만들다, 재즈댄스를 배우다, (악기를)연주하다, 종이비행기를 접다, 독서, 우표수집, 음악 감상

◼ 〈보기〉와 같이 쓰세요.

보기

가 : 분짜를 어떻게 <u>먹는지</u> 알아요?

나 : 네, 알아요. 이렇게 먹으면 돼요. / 아니요, 잘 모르겠어요.

1.
   가 : 이 종이비행기를 어떻게 _____?

   나 : 저를 보고 따라하세요. 이렇게 접으면 돼요.

2.
   가 : k-pop 댄스를 출 수 있어요?

   나 : 아니요, k-pop댄스를 안 배워서 _____.

3.
   가 : 제니 씨가 무엇을 _____?

   나 : 잘 모르겠어요. 아마 좋아하는 곡을 연주할 거예요.

4.
   가 : 모형 자동차를 만들어 봤어요?

   나 : 아니요, 모형 자동차를 _____.

5.
   가 : 바오 씨가 이 책을 _____?

   나 : 아마 읽었을 거예요.

6.
   가 : 왕단 씨가 얼마나 많이 (아프다) _____?

   나 : 아니요, 저도 잘 모르겠어요.

7.
   가 : 민수 씨가 한국 음식을 _____?

   나 : 걱정하지 마세요. 민수 씨는 한국 음식을 다 좋아해요.

8.
   가 : 료코 씨가 그 영화를 _____?

   나 : 아니요, 잘 모르겠어요.

61

취미 2	문법	-는 중 / 중
지금 요가를 하는 중이에요.	어휘	빈도 부사

V-는 중 / -중, N중

문법 형태

V- 는 중

받침 O	먹는 중
받침 X	공부하는 중

N중

받침 O	식사 중
받침 X	독서 중

가 : 여보세요? 바오 씨, 지금 뭐 해요?
나 : 저는 지금 요가를 하는 중이에요. 무슨 일 있어요?
가 : 저는 지금 왕단 씨하고 같이 바오 씨 집 근처에 있는데 혹시 시간이 있으면 나올 수 있어요?
나 : 아니요, 지금은 나갈 수가 없어요. 지금 시작했어요.
가 : 그래요? 알겠어요.
나 : 왕단 씨하고 어디에 갈 거예요?
가 : 잘 모르겠어요. 혹시 맛집이 어디에 있는지 알아요?
나 : 시청역 8번 출구로 나가서 왼쪽으로 가다가 커피숍 옆 골목으로 들어가면 식당이 있을 거예요.
　　아마 유명한 맛집이라서 사람들이 많을 거예요.
가 : 고마워요. 바오 씨, 운동이 다 끝나면 먹으러 나오세요.
나 : 알겠어요. 맛있게 드세요.

지금 회의 중이니까 이따가 전화하세요.
요즘 다이어트 중이라서 밥을 별로 안 먹어요.
제니 씨가 청소하는 중이라서 전화벨 소리를 못 듣는 것 같아요.

■ 빈도 부사 : 매일, 자주, 가끔, 자주 안, 별로 안, 전혀 안

■ 〈보기〉와 같이 쓰세요.

보기

가 : 지금 들어가도 돼요?

나 : (상영) 지금은 영화가 <u>상영 중이니</u> 조용히 들어가십시오.

---

1. 가 : 지금 화장실에 가도 돼요?

   나 : (수업) 지금은 _____ 나중에 가세요.

2. 가 : 사진을 찍어도 돼요?

   나 : (공연하다) 지금은 _____ 끝나고 사진을 찍으세요.

3. 가 : 지금 병원에 가도 돼요?

   나 : 지금은 점심시간이라서 _____ 1시 이후에 오세요.

4. 가 : 지금 전화를 해도 돼요?

   나 : (아르바이트) 지금은 _____ 끝나고 제가 전화할게요.

5. 가 : 바오 씨, 지금 뭐 해요?

   나 : (요가를 하다) 지금은 학원에서 _____ .

6. 가 : 제니 씨, 지금 뭐해요?

   나 : (산책을 하다) 지금 공원에서 _____ .

7. 가 : 지금 뭐 해요?

   나 : (공부) 내일 시험이 있어서 지금 도서관에서 _____ .

8. 가 : 지금 뭐 해요?

   나 : _____ .

62

고향 소개	문법	서술문 1 (동사)
내 고향은 안동이다.	어휘	도시 관련 1

V-는 / ㄴ다

문법 형태

V-는 / ㄴ다

	과거 -았 / 었 / 했다	현재 -는 / ㄴ다	미래 -(으)ㄹ것이다
먹다	먹었다	먹는다	먹을 것이다
가다	갔다	간다	갈 것이다
공부하다	공부했다	공부한다	공부할 것이다

V-지 않는다

	과거 부정 -지 않았다	현재 부정 -지 않는다	미래 부정 -지 않을 것이다
먹다	먹지 않았다	먹지 않는다	먹지 않을 것이다
가다	가지 않았다	가지 않는다	가지 않을 것이다
공부하다	공부하지 않았다	공부하지 않는다	공부하지 않을 것이다

* 저는 → 나는, 제가 → 내가, 제 → 내

　　내 고향은 안동이다. 안동은 한국의 남쪽에 있는 작은 도시이다. 인구는 16만 명 정도이고 주변에 산이 많다. 그리고 도시 한 가운데 낙동강이 흐른다. 안동은 한국의 문화를 많이 볼 수 있는 곳이다. 그래서 도시 곳곳에서 쉽게 문화를 만날 수 있다. 특히 하회 마을과 도산 서원이 유명하다.
　　안동에 가면 맛있는 음식을 먹을 수 있다. 보통 안동에 가면 사람들은 '찜닭'을 먹는다. 조금 맵지만 부드러운 면과 함께 맛있는 닭을 먹을 수 있다. 그리고 가을에 가면 맛있는 빨간 사과를 먹을 수 있다.

한국 사람들은 보통 매운 음식을 좋아한다.
내 친구 제니는 캐나다 사람이다.
나는 한국에서 산 지 2년이 되었다.

▪ 도시 관련 1 : 동 / 서 / 남 / 북쪽, 도시, 시골, 수도, 대도시, 소도시

◼ 〈보기〉와 같이 쓰세요.

보기

인구가 천만 명이 넘습니다.

➡ 인구가 천 만명이 넘는다.

1. 한국 사람들은 열심히 일합니다.
   ➡ _____.

2. 한국에서는 가게 문을 일찍 닫지 않습니다.
   ➡ _____.

3. 많은 사람들은 시골에서 서울로 왔습니다.
   ➡ _____.

4. 한국 사람들은 옛날부터 노래를 부르고 춤을 추는 것을 좋아했습니다.
   ➡ _____.

5. 제주도는 유명해서 외국인 관광객들이 많이 찾아옵니다.
   ➡ _____.

6. 베트남 사람들은 보통 오토바이를 타고 출근합니다.
   ➡ _____.

7. 요즘 너무 일을 많이 합니다. 그렇지만 주말에는 꼭 제주도에 다녀오겠습니다.
   ➡ _____.

8. 저는 베트남 다낭에 가서 바다를 봤습니다.
   ➡ _____.

63

고향 소개	문법	서술문 2 (형용사, 명사)
안동은 경치가 좋다.	어휘	도시 관련 2

A-다, N(이)다 / A-지 않다, N이/가 아니다

문법 형태

A-다, N(이)다

		과거 A-았 / 었 / 했다 N이었다 / 였다	현재 A-다 N(이)다	미래 / 추측 A-(으)ㄹ것이다 N일 것이다
A	작다	작았다	작다	작을 것이다
	크다	컸다	크다	클 것이다
	부르다	(배가) 불렀다	부르다	부를 것이다
N	학생	학생이었다	학생이다	학생일 것이다
	친구	친구였다	친구다	친구일 것이다

A-지 않다, N이/가 아니다

		과거 부정 A-지 않았다 N이 / 가 아니었다	현재 부정 A-지 않다 N이 / 가 아니다	미래 / 추측 부정 A-지 않을 것이다 N이 / 가 아닐 것이다
A	작다	작지 않았다	작지 않다	작지 않을 것이다
	크다	크지 않았다	크지 않다	크지 않을 것이다
	부르다	(배가) 부르지 않았다	부르지 않다	부르지 않을 것이다
N	학생	학생이 아니었다	학생이 아니다	학생이 아닐 것이다
	친구	친구가 아니었다	친구가 아니다	친구가 아닐 것이다

내 고향은 한국의 문화를 보고 체험할 수 있는 도시 '안동'이다. 안동은 많은 외국인들이 방문하는 유명한 곳이다. 특히 안동의 '하회 탈놀이'는 세계적으로도 유명하여 매년 '국제탈춤축제'가 열린다. 그래서 안동에 가면 '하회 탈놀이' 공연을 볼 수 있다. 또한 '탈 박물관'에서는 전 세계적인 탈도 구경할 수 있다. 10월 초에 열리는 '국제탈춤축제' 기간에는 안동

▪ 도시 관련 2 : 인구가 많다, 복잡하다, 교통이 편리하다 / 불편하다, 조용하다, 시끄럽다, 경치가 좋다, 공기가 맑다, 살기 편하다 / 불편하다

시내에서 공연을 볼 수 있다. 하지만 다른 때에는 주말에 '하회마을'을 방문해야 공연을 볼 수 있다.
　안동에는 유네스코 세계문화유산인 서원이 있다. 서원은 옛날 사람들이 공부를 하던 곳이다. 이곳에서 옛날 한국 사람들은 자연 속에서 공부를 하고 자연의 모습을 닮으려 했다. 그래서 조용하고 공기가 맑고 경치가 좋다.
　외국인 친구들과 함께 한국 문화를 체험하러 오면 한옥에서 자고 한복을 입고 탈춤도 추고 자연도 볼 수 있다.

내 고향은 경치가 아름답다.
한국 음식은 맵지만 맛있다.
왕단은 한국 사람이 아니다.

■ 〈보기〉와 같이 쓰세요.

보기

서울은 인구가 많습니다.

➡ 서울은 인구가 많다.

1. 서울은 한국의 수도라서 아주 복잡합니다.
   ➡ _____.

2. 부산은 아름다운 바다로 유명합니다.
   ➡ _____.

3. 서울은 교통이 편리해서 살기 편합니다.
   ➡ _____.

4. 제 고향은 공기가 맑고 조용합니다.
   ➡ _____.

5. 서울은 조금 복잡하지만 편의 시설이 많아서 많은 사람들이 살고 있습니다.
   ➡ _____.

6. 경주는 역사적인 도시라서 관광객이 많을 것입니다.
   ➡ _____.

7. 한글을 만들기 전까지는 글자를 모르는 사람들이 많았습니다.
   ➡ _____.

8. 여기는 공기가 맑아서 살기 좋겠습니다.
   ➡ _____.

모범 답안

4강

1. 에디는 미국 사람이에요.
2. 딘은 베트남 사람이에요.
3. 방탄소년단은 가수예요.
4. 타오는 학생이에요.
5. 공유는 배우예요.
6. 펑은 중국 사람이에요.
7. 다나카는 일본 사람이에요.
8. 아이유는 한국 사람이에요.

5강

1. 마이클 씨는 미국 사람이에요?
   아니요, 미국 사람이 아니에요. 캐나다 사람이에요.
2. 루이스 씨는 호주 사람이에요?
   아니요, 호주 사람이 아니에요. 독일 사람이에요.
3. 웬디 씨는 요리사예요?
   아니요, 요리사가 아니에요. 은행원이에요.
4. 티엔 씨는 경찰이에요?
   아니요, 경찰이 아니에요. 요리사예요.
5. 하트너 씨는 학생이에요?
   아니요, 학생이 아니에요. 의사예요.
6. 안 씨는 선생님이에요?
   아니요, 선생님이 아니에요. 배우예요.
7. 비엣 씨는 가수예요?
   아니요, 가수가 아니에요. 경찰이에요.
8. 탕 씨는 중국 사람이에요?
   아니요, 중국 사람이 아니에요. 베트남 사람이에요.

6강

1. 누구의 가방이에요?
   딘씨의 가방이에요.
2. 누구의 시계예요?
   타오 씨의 시계예요.
3. 누구의 필통이에요?
   안 씨의 필통이에요.
4. 누구의 학생증이에요?
   하트나 씨의 학생증이에요.
5. 누구의 지갑이에요?
   탕 씨의 지갑이에요.
6. 누구의 지우개예요?
   콜린 씨의 지우개예요.
7. 누구의 거울이에요?
   비엣 씨의 거울이에요.
8. 누구의 가위예요?
   왕단 씨의 가위예요.

7강

1. 컵이 어디에 있어요?
   컵이 책 옆에 있어요.
2. 도서관이 어디에 있어요?
   도서관이 학교 안에 있어요.
3. 시계가 어디에 있어요?
   시계가 창문 위에 있어요.
4. 공책이 어디에 있어요?
   공책이 가방 안에 있어요.
5. 약국이 어디에 있어요?
   약국이 병원 옆에 있어요.
6. 화장실이 몇 층에 있어요?
   화장실이 2층에 있어요.
7. 식당이 2층에 있어요?
   아니요. 식당이 9층에 있어요.
8. 신발가게가 1층에 있어요?
   아니요. 신발가게가 3층에 있어요.

8강

1. 뭐해요?
   커피를 마셔요.
2. 뭐해요?
   책을 봐요.
3. 뭐해요?
   책을 읽어요.
4. 뭐해요?
   요리를 해요.
5. 뭐해요?
   한국어를 배워요.

6. 뭐해요?
   친구를 만나요.
7. 뭐해요?
   편지를 써요.
8. 뭐해요?
   음악을 들어요.

9강

1. 도서관에서 뭐해요?
   도서관에서 책을 읽어요.
2. 서점에서 뭐해요?
   서점에서 책을 사요.
3. 식당에서 뭐해요?
   식당에서 밥을 먹어요.
4. 커피숍에서 뭐해요?
   커피숍에서 커피를 마셔요.
5. 백화점에서 뭐해요?
   백화점에서 선물을 사요.
6. 회사에서 뭐해요?
   회사에서 일을 해요.
7. 극장에서 뭐해요?
   극장에서 영화를 봐요.
8. 커피숍에서 뭐해요?
   커피숍에서 친구를 만나요.

10강

1. 한국어 공부가 아주 쉬워요.
2. 불고기가 아주 맛있어요.
3. 동생이 아주 키가 커요.
4. 아주 바지가 싸요.
5. 날씨가 아주 추워요.
6. 커피가 아주 뜨거워요.
7. 기분이 아주 좋아요.
8. 너무 영어 공부가 어려워요.

11강

1. 아니요. 동생이 안 커요.
   / 동생이 크지 않아요.
2. 아니요. 편지를 안 써요.
   / 편지를 쓰지 않아요.
3. 아니요. 주스를 안 마셔요.
   / 주스를 마시지 않아요.
4. 아니요. 공책이 책상 위에 없어요.
   / 공책이 책상 위에 있지 않아요.
5. 아니요. 집이 안 좋아요.
   / 집이 좋지 않아요.
6. 아니요. 도서관에서 친구를 안 기다려요.
   / 도서관에서 친구를 기다리지 않아요.
7. 아니요. 집에서 운동을 안 해요.
   / 집에서 운동을 하지 않아요.
8. 아니요, 집에서 요리 안 해요.
   / 요리하지 않아요.

12강

1. 일요일에 뭐 해요?
   / 일요일에 집에서 쉬어요.
2. 크리스마스가 언제예요?
   / 12월 25일이에요.
3. 이번 주 금요일에 어디에 가요?
   / 이번 주 금요일에 극장에 가요.
4. 다음 주 월요일에 약속이 있어요?
   / 네, 다음 주 월요일에 약속이 있어요.
5. 주말에 일을 해요?
   / 네, 주말에 일을 해요.
6. 오늘 뭐 먹어요?
   / 오늘 식당에서 쌀국수를 먹어요.
7. 방학에 한국에 가요?
   / 아니요. 방학에 한국에 안 가요.
8. 생일이 언제예요?
   / 제 생일은 1월 20일이에요.

13강

1. 제니 씨가 키가 크고 예뻐요.
2. 오늘은 아르바이트를 하고 집에서 쉬어요.
3. 주말에 청소를 하고 빨래를 해요.
4. 도서관에서 책을 읽고 한국어를 공부해요.
5. 커피숍에서 커피를 마시고 케이크를 먹어요.
6. 불고기가 달고 맛있어요.
7. 제니 씨는 밥을 먹고 바오 씨는 친구를 기다려요.
8. 친구하고 같이 뭐 해요?
   / 친구하고 같이 이야기를 하고 산책을 해요.

14강

1. 연필이 다섯 개에 얼마예요?
   / 연필 다섯 개에 구백원이에요.
2. 콜라가 두 병에 얼마예요?
   / 콜라가 두 병에 천육백오십원이에요.
3. 커피가 세 잔에 얼마예요?
   / 커피가 세 잔에 삼천구백원이에요.
4. 비빔밥이 한 그릇에 얼마예요?
   / 비빔밥이 한 그릇에 만이천원이에요.
5. 김밥이 두 줄에 얼마예요?
   / 김밥이 두 줄에 사천오백원이에요.
6. 불고기가 사 인분에 얼마예요?
   / 불고기가 사 인분에 삼만원이에요.
7. 피자 한 판에 얼마예요?
   / 피자가 한 판에 이만육천원이에요.
8. 치킨이 두 마리에 얼마예요?
   / 치킨이 두 마리에 만팔천오백원이에요.

15강

1. 명동에서 친구를 만났어요.
2. 커피숍에서 커피를 마셨어요.
3. 어제 영화가 재미있고 어려웠어요.
4. 그저께가 바오 씨 생일이었어요.
5. 어제 몇 시에 잤어요?
   어제 12시에 잤어요.
6. 몇 시까지 학교에 갔어요?
   오전 8시까지 학교에 갔어요.
7. 몇 시까지 공부했어요?
   오후 3시까지 공부했어요.
8. 몇 시에 친구를 만났어요?
   어제 저녁 7시에 친구를 만났어요.

16강

1. 이 빵을 먹어도 돼요?
   아니요. 먹으면 안 돼요.
2. 주스를 마셔도 돼요?
   아니요. 주스를 마시면 안 돼요.
3. 지금 창문을 열어도 돼요?
   아니요. 창문을 열면 안 돼요.
4. 책을 읽어도 돼요?
   아니요. 책을 읽으면 안 돼요.
5. 밖에서 놀아도 돼요?
   아니요. 밖에서 놀면 안 돼요.
6. 담배를 피워도 돼요?
   아니요. 담배를 피우면 안 돼요.
7. 사진을 찍어도 돼요?
   아니요. 사진을 찍으면 안 돼요.
8. 음악을 들어도 돼요?
   아니요. 음악을 들으면 안 돼요.

17강

1. 주말에 박물관에 갈까요?
2. 공원에서 사진을 찍을까요?
3. 오늘 뭘 할까요?
4. 주말에 같이 여행을 할까요?
5. 영화관에 갈까요?
6. 지금 뭘 마실까요?
   커피숍에서 커피를 마실까요?
7. 같이 음악을 들을까요?
8. 동물원에서 동물을 볼까요?

18강

1. 아르바이트를 하러 가요.
2. 사진을 찍으러 가요.
3. 손을 씻으러 가요.
4. 영화를 보고 팝콘을 먹으러 가요.
5. 친구하고 같이 놀러 가요.
6. 한국 음식을 만들러 가요.
7. 가방을 사러 가요. / 쇼핑하러 가요
8. 한국어를 공부하러 가요. / 책을 빌리러 가요.

19강

1. 공원에 가거나 아르바이트를 해요.
2. 청소하거나 친구하고 같이 놀아요.
3. 화장실에 가거나 친구하고 이야기를 해요.
4. 부모님의 요리를 먹거나 친구를 만나요.
5. 김밥이나 쌀국수를 먹어요.
6. 옷이나 가방을 사요.
7. 산책이나 운동을 해요.
8. 보통 화장품이나 향수를 받아요.

20강

1. 무슨 운동을 좋아해요?
   / 축구를 좋아해요.
2. 무슨 영화를 싫어해요?
   / 공포영화를 싫어해요.
3. 무슨 과일을 먹어요?
   / 망고를 먹어요.
4. 무슨 과일을 사요?
   / 수박을 사요.
5. 무슨 운동을 자주 해요?
   / 농구를 자주 해요.
6. 무슨 영화가 좋아요?
   / 코미디 영화가 좋아요.
7. 무슨 운동이 싫어요?
   / 수영이 싫어요.
8. 무슨 영화를 봐요?
   / 액션영화를 봐요.

21강

1. 무엇을 하고 싶어요?
   / 영화를 보고 싶어요.
   한국어 공부가 어렵지만 재미있어요.
2. 어디에 가고 싶어요?
   / 명동에 가고 싶어요.
   학생 식당이 싸지만 맛있어요.
3. 누구를 만나고 싶어요?
   / 부모님을 만나고 싶어요.
   제니 씨는 축구를 잘하지만 바오 씨는 축구를 못해요.
4. 주말에 무엇을 하고 싶어요?
   / 친구하고 놀고 싶어요.
   마이클 씨는 미국 사람이지만 한국어를 잘해요.
5. 무엇을 안 하고 싶어요?
   / 농구를 안 하고 싶어요.
   농구는 좋아하지만 축구는 싫어해요.
6. 어제 어디에 가고 싶었어요?
   / 어제 바다에 가고 싶었어요.
   약속이 있었지만 친구를 못 만났어요.
7. 주말에 등산을 하고 싶어요?
   / 아니요. 등산을 하고 싶지 않아요. 쉬고 싶어요.
   아침밥을 먹었지만 배가 고파요.
8. 비빔밥을 만들고 싶어요?
   / 아니요. 비빔밥을 만들고 싶지 않아요. 불고기를 만들고 싶어요.
   어제 아주 피곤했지만 재미있었어요.

22강

1. 내일 명동에 갈 거예요?
   / 아니요, 안 갈 거예요.
2. 오늘 무슨 옷을 입을 거예요?
   / 이 옷을 입을 거예요.
3. 아니요, 없어요. 학교에서 한국어를 공부할 거예요.
4. 언제 여행을 갈 거예요?
   / 다음 주 금요일에 여행을 갈 거예요.
5. 내일 오후에 뭐 할 거예요?
   / 운동하러 공원에 갈 거예요.
6. 이번 주 주말에 뭐 할 거예요?
   / 친구하고 같이 영화관에서 영화를 볼 거예요
7. 공원에서 뭐 할 거예요?
   / 사진을 찍을 거예요.
8. 주말에 뭐 할 거예요?
   / 커피숍에서 커피를 마실 거예요.

23강

1. 날씨가 더우니까 집에서 쉬세요.
2. 네, 오늘도 바쁘니까 내일 만날까요?
3. 어제도 된장찌개를 먹었으니까 오늘은 김치찌개를 먹을까요?
4. 아니요. 공포 영화는 무서우니까 다른 영화를 볼까요?
5. 저 음식은 맛이 없으니까 다른 음식을 먹을까요?
6. 네. 학생들이 공부하니까 조용히 하세요.
7. 바람이 많이 부니까 집에 갈까요?
8. 배가 고프니까 식당에 갈까요?

24강

1. 중국어를 할 수 있어요.
2. 돈을 찾을 수 없어요.
3. 하모니카를 불 수 있어요
4. k-pop 댄스를 출 수 없어요.
5. 만들 수 없어요.
6. 볼 수 없어요.
7. 같이 시험 공부를 할 수 있어요.
8. 만날 수 있어요.

25강

1. 친구를 만나서 놀고 싶어요.
2. 고향에 가서 친구를 만났어요.
3. 도서관에 가서 공부를 했어요.
4. 영화관에 가서 영화를 봤어요.
5. 박물관에 가서 그림을 볼 거예요.
6. 커피숍에 가서 친구하고 이야기하고 커피를 마셔요.
7. 운동장에 가서 농구를 할 거예요.
8. 공원에 가서 뭐 할 거예요?
   / 공원에 가서 산책할 거예요.

26강

1. 식당이 어디에 있어요?
   왼쪽으로 돌아가면 돼요.
2. 화장실이 어디에 있어요?
   여기로 들어가면 돼요.
3. 가게가 어디에 있어요?
   지하로 내려가면 돼요.
4. 백화점이 어디에 있어요?
   횡단보도를 건너가면 돼요.
5. 서점이 어디에 있어요?
   이쪽으로 가면 돼요
6. 커피숍이 어디에 있어요?
   2층으로 올라가면 돼요.
7. 극장이 어디에 있어요?
   왼쪽으로 가면 돼요.
8. 약국이 어디에 있어요?
   똑바로 가면 돼요.

27강

1. 써 주세요.
   써 줄게요
2. 먹어 주세요.
   먹어 줄게요.
3. 알려 주세요.
4. 열어 주세요.
5. 읽을게요
6. 먹을게요
7. 살게요.
8. 갈게요.

28강

1. 머리가 아파서 숙제를 못 했어요.
2. 잠을 못 자서 커피를 안 마셔요.
3. 너무 어려워서 시험을 못 봤어요.
4. 안 배워서 못 쳐요.
5. 배가 불러서 밥을 못 먹어요.
6. 너무 매워서 못 먹어요.
7. 비가 와서 공원에 못 가요.
8. 너무 무서워서 못 봐요.

29강

1. 매운
2. 가까운
3. 좋은
4. 많은
5. 먹는
6. 있는
7. 음악을 듣는 것
8. 영화를 보는 것

30강

1. 제인입니다.
2. 방에 침대와 책상이 있습니다.
3. 책하고 연필입니다.
4. 밥을 먹고 커피를 마십니다.
5. 춤을 추고 노래를 부릅니다.
6. 책을 읽고 한국어를 공부합니다.
7. 영화를 보고 팝콘을 먹습니다.
8. 피아노를 칠 수 있습니다.

31강

1. 계세요?
   방에 계세요.
2. 차를 드세요.
3. 동생에게 말씀하세요
4. 할머니하고 같이 이야기해요.
5. 계세요?
   방에서 주무세요.
6. 계세요?
   우리집에 계세요.

7. 주셨어요?
   주셨어요.
8. 지금 할아버지께서는 책을 읽으세요.

32강

1. 좋아하지요?
   네. 바나나보다 딸기를 더 좋아해요
   네, 딸기를 바나나보다 더 좋아해요.
2. 잘하지요?
   아니요, 농구보다 축구를 더 잘해요
   아니요, 축구를 농구보다 더 잘해요.
3. 맵지요?
   아니요, 불고기보다 김치가 더 매워요
   아니요, 김치가 불고기보다 더 매워요.
4. 덥지요?
   네, 서울보다 하노이가 더 더워요.
   네, 하노이가 서울보다 더 더워요.
5. 뚱뚱하지요?
   아니요, 바오 씨보다 탕 씨가 더 뚱뚱해요
   탕 씨가 바오 씨보다 더 뚱뚱해요.
6. 맛있지요?
   네. 떡볶이보다 삼계탕이 더 맛있어요
   삼계탕이 떡볶이보다 더 맛있어요.
7. 가깝지요?
   아니요, 학교보다 식당이 더 가까워요
   식당이 학교보다 더 가까워요.
8. 어렵지요?
   네, 영어보다 한국어가 더 어려워요
   한국어가 영어보다 더 어려워요.
   아니요, 한국어보다 영어가 더 어려워요
   아니요, 영어가 한국어보다 더 어려워요.

33강

1. 한국책을 봤어요?
   네, 봤어요.
2. 수박주스를 마셔봤어요?
   아니요, 안 마셔봤어요.
3. k-pop을 들어봤어요?
   네, 들어봤어요.
4. 사진을 찍어 봤어요?
   네, 찍어 봤어요.
5. 불고기를 먹어 봤어요?
   네. 먹어 봤어요.
6. 해 봤어요?
   아니요, 안 해 봤어요 / 네. 해 봤어요.
7. 컴퓨터 게임을 해 봤어요?
   네, 해 봤어요 / 아니요, 안 해 봤어요.
8. 한국요리를 만들어 봤어요?
   네, 만들어 봤어요 / 아니요, 안 만들어 봤어요.

34강

1. 전화를 하지 마세요.
2. 밥을 먹지 마세요.
3. 자지 마세요.
4. 노래를 하지 마세요.
5. 커피를 마시지 마세요.
6. 앉지 마세요.
7. 일어나지 마세요.
8. 뛰지 마세요.

35강

1. 책을 읽읍시다 ./ 책을 읽으십시오.
   낙서를 하지 맙시다 ./ 낙서를 하지 마십시오.
2. 그림을 구경합시다 ./ 그림을 구경하십시오.
   손을 대지 맙시다 ./ 손을 대지 마십시오.
3. 영화를 봅시다 ./ 영화를 보십시오.
   이야기를 하지 맙시다. / 이야기를 하지 마십시오.
4. 한국어를 공부합시다. / 한국어를 공부하십시오.
   떠들지 맙시다 ./ 떠들지 마십시오.
5. 손을 씻읍시다 ./ 손을 씻으십시오.
   사진을 찍지 맙시다 ./ 사진을 찍지 마십시오.
6. 식사를 합시다 ./ 식사를 하십시오.
   시끄럽게 이야기하지 맙시다 ./ 시끄럽게 이야기하지 마십시오.
7. 사진을 찍읍시다. / 사진을 찍으십시오.
   동물에게 음식을 주지 맙시다 ./ 동물에게 음식을 주지 마십시오.
8. 그림을 구경합시다 ./ 그림을 구경하십시오.
   사진을 찍지 맙시다. / 사진을 찍지 마십시오.

36강

1. 공부하려고 해요.
2. 영화관에 가려고 해요.
3. 체험하러 경복궁에 가려고 해요.
4. 고향에 가려고 해요.
5. 다니려고 해요.
6. 가서 놀려고 해요.
7. 읽으려고 했어요.
8. 하려고 했어요.

37강

1. 오기 전에
2. 하기 전에
3. 밥을 먹기 전에
4. 오기 전에
5. 자기 전에
6. 끝난 후에
7. 후에
   회사에 취직할 거예요.
8. 후에
   텔레비전을 볼 거예요.

38강

1. 올까요?
2. 꽃이 피었을 까요?
3. 좋을까요?
4. 따뜻할 거예요.
5. 어려울 거예요.
6. 일 거예요.
7. 눈이 올 거예요.
8. 갈 수 있을 거예요.

39강

1. 놀아요.
2. 졸아요.
3. 만드는
4. 팔아요.
5. 사세요?
6. 만들 수 있어요?
   만들 수 있어요.
7. 아세요?
8. 논 후에

40강

1. 볼래요?
   공포영화를 볼래요
2. 갈래요?
   공원에 갈래요.
3. 부산에 여행갈래요?
4. 할래요?
   인사동에 가서 구경할래요.
5. 경복궁에 갈래요?
6. 갈래요?
7. 이거를(티셔츠를) 살래요. 안 살래요
   저는 저거를(모자를) 살래요.
8. 갈래요?
   갈래요?
   만날래요?
   만날래요?

41강

1. 먹을까 해요.
2. 먹을까 해요.
3. 할까 해요.
4. 지 않을까 해요.
5. 갈까 해요.
6. 입을까 해요.
7. 갈까 해요.
8. 쓸까 해요.

42강

1. 전화를 하면서 수다를 떨어요.
2. 보면서 공부했어요.
3. 걸으면서 이야기해요.
4. 음악을 들으면서 공부해요.
5. 빨라서
6. 노래를 불러요.
7. 몰라요. / 모르겠어요.
8. 달라요.

43강

1. 쉬고 있어요.
2. 하고 있어요.
3. 듣고 있었어요.
4. 산책을 하고 있어요.
5. 영화를 보고 있었어요.
6. 저는 공원을 걷고 있어요.
7. 숙제를 하고 있었어요.
8. 지금 한국어를 공부하고 있어요.

44강

1. 한국어를 배운 지 3개월이 되었어요.
   쉴 때 전화가 왔어요.
2. 제니 씨를 안 만난 지
   올 때
3. 서울에서 산 지
   안 좋을 때
4. 부모님께 전화를 한 지 1달이 되었어요.
   아플 때 보고 싶어요.
5. 본 지
   살이 쪘을 때 운동을 해요.
6. 먹은 지
   더울 때
7. 산 지
   명절 때 고향 생각이 나요.
8. 만든 지
   심심할 때 책을 읽어요.

45강

1. 가까워졌어요.
   한국어를 잘 하게 되었어요.
2. 많아졌어요.
   자주 만나지 못하게 되었어요.
3. 좋아졌어요.
   친해지게 되었어요.
4. 추워졌어요.
   이해하게 되었어요.
5. 나빠져요.
   자주 입게 되었어요.
6. 많아졌어요.
   사귀게 되었어요.
7. 좋아졌네요.
   잘 하게 되었어요.
8. 요즘은 따뜻해졌어요.
   잘 만들게 되었어요.

46강

1. 하는 것 같아요.
2. 받은 것 같아요.
3. 많은 것 같아요
4. 좋아하는 것 같아요.
5. 많은 것 같아요.
6. 나쁜 것 같아요.
7. 좋아하는 것 같아요.
8. 보는 것 같아요.

47강

1. 슬프겠어요.
2. 떨리겠어요.
3. 좋겠어요.
4. 힘들겠어요.
5. 아프겠어요.
6. 춥겠어요.
7. 화가 났겠어요.
8. 속상했겠어요.

48강

1. 모델처럼
2. 인형처럼
3. 한국 사람처럼
4. 호랑이처럼
5. 농구선수처럼
6. 영화배우처럼
7. 천사처럼
8. 수영선수처럼

49강

1. 까매요.
   입고, 입고 있어요.
2. 하얘서
   입은

3. 저런
   신고 있어요. 메고 있어요.
4. 하얀
   차고 있네요.
5. 노랗고
   하고 있어요.
6. 동그래서
   쓰고 있어요.
7. 빨개요.
   입고, 하고 가세요.

50강

1. 비싼데
2. 작은데
3. 가는데
4. 배우인데
5. 전화했는데
6. 자주하는데
7. 좋아하는데
8. 가수인데

51강

1. 도서관에 가는데
2. 지금 요리를 하는데
3. 휴대전화를 안 가지고 왔는데
4. 내일이 시험인데
5. 내일 이사하는데
6. 다음 달에 결혼하는데
7. 지금 너무 바쁜데
8. 아직 퇴근 준비가 안 되었는데

52강

1. 별로 슬프지 않아요.
2. 별로 좋지 않았어요.
3. 별로 좋아하지 않아요.
4. 별로 외롭지 않아요.
5. 별로 긴장되지 않아요.
6. 무겁지요? / 별로 무겁지 않아요.
7. 별로 속상하지 않아요.
8. 많이 이야기했어요?
   아니요. 별로 이야기하지 않았어요.

53강

1. 닫혀있어서
2. 돌아다녀서
3. 앉아 있는
4. 켜져 있어요.
5. 걸려 있어요.
6. 열려 있어서
7. 들어 있을 거예요.
8. 놓여 있어요.

54강

1. 가기로 했어요.
2. 공부하기로 했어요.
3. 다이어트하기로 했어요.
4. 제주도에 가기로 했어요.
5. 다니기로 했어요.
6. 열심히 하기로 했어요.
7. 배우기로 했어요.
8. 한국 생활을 열심히 하기로 했어요.

55강

1. 제주도에 가 본 적이 있어요.
2. 태국 요리를 먹어 본 적이 없어요.
3. 게스트하우스에서 자 본 적이 없어요.
4. 학생 할인을 받아 본 적이 있어요.
5. 읽어 본 적이 없어요.
6. 배운 적이 있어요?
7. 들어본 적이 있어요.
8. 한국친구를 사귀어 본 적이 있어요?
   네, 한국 친구를 사귀어 본 적이 있어요.

56강

1. 연고를 발라야 돼요.
2. 찜질을 해야 돼요.
3. 밴드를 붙여야 돼요.
4. 깁스를 해야 돼요.
5. 주사를 맞아야 돼요.
6. 집을 사야 돼요.
7. 운동을 해야 돼요.
8. 돈을 모아야 해요.

57강

1. 붙여줄 테니까
2. 발라줄 테니까
3. 약을 사올 테니까
4. 발라줄 테니까
5. 아플 테니까 약을
6. 들 테니까
7. 살 테니까
8. 할 테니까

58강

1. 움직이지 말고 기다리세요.
2. 밥을 먹지 말고 죽을 드세요.
3. 일을 하지 말고 푹 쉬세요.
4. 버스를 타지 말고 지하철을 타고 오세요.
5. 여기에서 갈아타지 말고 홍대입구역에서 갈아타세요.
6. 기차를 타지 말고 고속버스를 타고 가세요.
7. 배를 타지 말고 비행기를 타고 가세요.
8. 술을 마시지 말고 따뜻한 물을 많이 드세요.

59강

1. 숙제를 하다가 잠이 들었어요.
2. 밥을 먹다가 전화를 받았어요.
3. 김치를 볶다가 물을 넣고 끓이면 돼요.
4. 똑바로 가다가 오른쪽으로 가세요.
5. 도서관에서 공부하다가 만났어요.
6. 공부하다가 TV를 봤어요.
7. 이야기하다가 화장실에 갔어요.
8. 곧장 가다가 오른쪽으로 가면 있어요.

60강

1. 접는지 알아요?
2. 어떻게 추는지 몰라요.
3. 연주하는지 알아요?
4. 어떻게 만드는지 몰라요.
5. 읽었는지 알아요?
6. 아픈지 알아요?
7. 좋아하는 지 알아요?
8. 봤는지 알아요?

61강

1. 수업 중이니까
2. 공연하는 중이니까
3. 밥을 먹는 중이니까
4. 아르바이트 중이니
5. 요가를 하는 중이에요.
6. 산책을 하는 중이에요.
7. 공부하는 중이에요.
8. 청소를 하는 중이에요.

62강

1. 한국 사람들은 열심히 일한다.
2. 한국에서는 가게 문을 일찍 닫지 않는다.
3. 많은 사람들은 시골에서 서울로 왔다.
4. 한국 사람들은 옛날부터 노래를 부르고 춤을 추는 것을 좋아했다.
5. 제주도는 유명해서 외국인 관광객들이 많이 찾아온다.
6. 베트남 사람들은 보통 오토바이를 타고 출근한다.
7. 요즘 너무 일을 많이 한다. 그렇지만 주말에는 꼭 제주도에 다녀올 것이다.
8. 나는 베트남 다낭에 가서 바다를 봤다 .

63강

1. 서울은 한국의 수도라서 아주 복잡하다.
2. 부산은 아름다운 바다로 유명하다.
3. 서울은 교통이 편리해서 살기 편하다.
4. 내 고향은 공기가 맑고 조용하다.
5. 서울은 조금 복잡하지만 편의 시설이 많아서 많은 사람들이 살고 있다.
6. 경주는 역사적인 도시라서 관광객이 많을 것이다.
7. 한글을 만들기 전까지는 글자를 모르는 사람들이 많았다.
8. 여기는 공기가 맑아서 살기 좋겠다.

저자약력

김연희 - 건국대학교 국어국문학과 박사 졸
- 대진대학교 한국어문학과 교수

박혜란 - 건국대학교 국어국문학과 박사 졸
- 건국대학교 언어교육원 한국어 강사

민지연 - 대진대학교 외국어로서의 한국어 교육학 전공 석사
- 고려대학교 한국어교육센터 한국어 강사

쏙쏙 한국어

초판 인쇄 2019년 8월 23일
초판 발행 2019년 8월 30일

지은이 김연희, 박혜란, 민지연
펴낸이 이대현
편 집 박윤정
디자인 최선주

펴낸곳 도서출판 역락
주 소 서울시 서초구 동광로 46길 6-6 문창빌딩 2층
등 록 1999년 4월 19일 제303-2002-000014호
전 화 02-3409-2060(편집), 02-3409-2058(영업)
팩 스 02-3409-2059
이메일 youkrack@hanmail.net

ISBN 979-11-6244-441-2 03700

■ 정가는 표지에 있습니다.
■ 파본은 구입처에서 교환해 드립니다.

이 도서의 국립중앙도서관 출판예정도서목록(CIP)은 서지정보유통지원시스템 홈페이지(http://seoji.nl.go.kr)와 국가자료종합목록 구축시스템(http://kolis-net.nl.go.kr)에서 이용하실 수 있습니다. (CIP제어번호 : CIP2019033118)